ホテル・旅館の経営者から次世代へおくる熱いメッセージ

表紙デザイン / 斉藤直樹（ベリーマッチデザイン）
本文デザイン / オータパブリケイションズ　デザイン室

ホテル・
旅館の仕事は、
これほどまでに
おもしろく、
魅力的である。

【発刊に寄せて】

ホスピタリティの仕事が楽しくないわけがない

株式会社オータパブリケイションズ
代表取締役社長　太田 進

17歳の決断

大正時代、私の祖父は高知県でレストランを経営していました。そこで育った父親は、10代の頃より神戸オリエンタルホテル、大阪のアラスカ（老舗西洋料理店）、そして戦前の帝国ホテルでレストラン業務に従事し、終戦後に株式会社オータパブリケイションズを創業しました。

そのおかげもあって私自身も、幼い頃からホテルやレストランに出入りできるという恵まれた環境にありました。16歳のときにレストランの仕事に興味を持ち、レストランの職場で皿洗いのアルバイトを始めました。

この時代、ヨーロッパで成功を収めていたシェフのほとんどは10代から社会に出て経験を積んだそうです。その話をアルバイト先で聞いたのが17歳のときで、「自分の将来進むべき方向は飲食にある」と決断しました。

当時は１９７０年代後半、大学を卒業することが大手企業への就職の絶対条件と言われた時代です。決断を胸に、「自分は大学へは行かない。実社会の経験こそが成功への近道だと考えている」と伝えたとき、両親の反応は「それで本当に良いのか？」でした。

覚悟を何度も問われたものの、決心は揺らぐことはありませんでした。

仕事は、考え方とスタンス（姿勢）がすべて

就職先を選ぶ際は、一流のゲストが多く来店するホテル、レストランにこだわりました。一流のゲストをもてなす場所には当然そのための哲学やサービスがあるわけで、私はそれらをしっかり学び取りたいと考えたのです。もちろん、一流の職場へは簡単に入ることはできませんから、そのときは親のコネクションやネットワークは大いに利用させてもらいました。

ホテルやレストランの仕事というのはゲストに喜んでいただけて、かつ給料までもらえるのですから、楽しくないわけがありません。加えて私が勤務した店は、職場の環境、先輩たち、来店する

ゲスト、そのすべてが素晴らしいレベルにあり、私はさらに仕事へとのめり込んでいきました。

辛さと苦しさを感じることも少なくはありませんでしたが、「乗り越えれば、また新しい領域にたどり着ける」と信じて続けていたのを思い出します。

仕事というものは、自らの考え方とスタンス（姿勢）がすべてです。面白くないと思えばそこで終わりですが、「その先に何があるだろう?」と興味を持って進めば、その先に新しいドアが開いたりするものです。

自分なりの目標、したたかさを持つことが必要

私は「絶対に成功してやる」という思いを胸に実社会へ10代で飛び込み、その後も決して一般的とは言えない人生を送ってきました。ですから学生の方から「ホテル業界での就職活動は何をすれば良いのか?」というような相談については、就職課の先生のようなアドバイスをすることはできません。私が語れるのは自分の経験を通じて培った見解です。

そして伝えたいのは、先にも記した通り、ホテルやレストランの仕事は、ゲストに喜んでいただけて、かつ給料までもらえるのですから、楽しくないわけがないということです。ゲストの期待以上のサービスを提供することでたくさん喜んでいただけて、さらに給料までいただける、最高に面白い仕事です。

そして、この仕事で成功できる一番のポイントは「自分がのめり込むことができるか?」です。どれだけ一生懸命仕事をやっていても、ときには現場でゲストからのクレームなどを受け、辛さ、悔しさを感じることも少なくありません。それでも、くじけずに自分を磨き、良い仕事を続けていくことで、思わぬ幸運が舞い込んでくるなど、結果として良い方向につながるものなのです。各自がしっかりとした目標を持ち、したたかに立ち向かえば、明るい未来が必ずやってきます。

立場、環境の異なる先輩たちがこの業界の魅力を自らの言葉で語っている

本書には、ホテルや旅館でまさに今輝き、活躍している人たちに、それぞれが考える業界の魅力、仕事の魅力、それぞれの企業の魅力についてそれぞれの言葉で語っていただきました。

登場するホスピタリティ業界の多くの先人たちは皆それぞれ異なる環境で育ち、異なる考え方を持っています。よって表現方法もそれぞれ異なります。それでも全員が、この業界で活躍できているのは「仕事が面白い!」と思っているからこそです。

今回、この本を手に取ってくれたということは少なからずともこの業界に興味があったり、もっと知りたいと考えていたりしてくれているからではないかと思います。ぜひお勧めしたいのは、もし本書を読み、共感をする方がいたのであれば、その方に実際に会いに行き、もっとお話を聞くことです。業界を志す皆さんをきっと彼らは喜んで迎え、よりその魅力を語ってくれることでしょ

う。
　また、われわれオータパブリケイションズ社員一同は皆さんをサポートする立場にあります。当社へはいつでも気軽にご相談を持ち掛けてください。私自身もホスピタリティ業界を目指す皆さんを引き続き応援していきます。ぜひこの本を参考とし、ホスピタリティの世界にチャレンジしていただきたいと願います。

２０１７年１月吉日

目次

【発刊に寄せて】株式会社オータパブリケイションズ　代表取締役社長　太田進　5
株式会社プリンスホテル 代表取締役社長　赤坂茂好　20
裏磐梯レイクリゾート　総支配人　浅沼泰匡　22
株式会社グリーンヒルホテル　代表取締役　浅野充　24
株式会社アゴーラ・ホスピタリティーズ　代表取締役社長　浅生亜也　26
株式会社三井不動産ホテルマネジメント　代表取締役社長　足立充　28
はいむるぶし　代表取締役社長 兼 総支配人　渥美真次　30
神戸メリケンパークオリエンタルホテル　総支配人　荒木潤一　32
花巻温泉株式会社（佳松園・ホテル千秋閣・ホテル花巻・ホテル紅葉館）代表取締役社長　安藤昭　34
有限会社フェイスアップ　代表取締役　ホテルショコラ函館　総支配人 飯野智子　36
株式会社ホテルオークラ東京 代表取締役社長　池田正己　38
専門学校日本ホテルスクール　理事長・校長　石塚勉　40
富良野ナチュラクスホテル　専務取締役　石平清美　42
名古屋観光ホテル　取締役営業統括部長　伊藤清勝　44

株式会社 アゴーラ・ホスピタリティーズ　統括総支配人　伊藤 成彦　46
東府やResort&SpaーIzu　支配人　稲葉 博幸　48
ソラーレ ホテルズ アンド リゾーツ株式会社　代表取締役社長　井上 理　50
ミレニアム 三井ガーデンホテル 東京 総支配人　岩崎 綾子　52
ケンピンスキー・セイシェル・リゾート・ベ・ラザール　総支配人　江上 正巳　54
株式会社ロイヤルパーク ホテルマネジメント　取締役社長　江畑 要　56
アコーホテルズ（エイ・エイ・ピー・シー・ジャパン株式会社）代表取締役　エリック・ディグネジオ　58
日本ビューホテル株式会社　代表取締役社長　遠藤 由明　60
株式会社学士会館精養軒　取締役総料理長　大坂 勝　62
セレクトホテルズグループ（株式会社エフ・イー・ティーシステム）副代表 取締役副社長 兼 COO　沖 浩幸　64
センチュリーロイヤルホテル（札幌国際観光株式会社）代表取締役・総支配人　桶川 昌幸　66
グランドパーク小樽　取締役総支配人　小澤 扁理　68
ANAクラウンプラザホテル千歳　総支配人　落合 和昭　70
EMウェルネスリゾート コスタビスタ沖縄 ホテル&スパ　執行役員兼総支配人　小原 俊之　72
株式会社 旅籠屋（ファミリーロッジ旅籠屋）代表取締役 甲斐 真　74
Rホテルズ インターナショナル株式会社 取締役　尼崎セントラルホテル 総支配人　片野 真治　76
カトープレジャーグループ　代表取締役兼CEO　加藤 友康　78
函館 湯の川温泉　湯の浜ホテル　総支配人　金道 泰幸　80
ストリングスホテル東京インターコンチネンタル　総支配人　金子 宏之　82

ネストホテルジャパン株式会社　代表取締役社長　河内 中　84
株式会社ホテル グランドパレス　代表取締役社長・総支配人　河村 博　86
クロスホテル札幌　総支配人　菊地 茂樹　88
リージェントホテルズ&リゾーツ リージェント台北 取締役マネージングディレクター兼日本支社長　北原 匡　90
金沢白鳥路 ホテル山楽（プレミアホテルグループ）総支配人　北谷 公人　92
株式会社ホテルニューアワジ　代表取締役社長　木下 学　94
PGHホテル・トータル・ソリューションズ株式会社　代表取締役社長　窪山 哲雄　96
草津温泉 奈良屋・草津ナウリゾートホテル・草津温泉 湯畑草菴　代表取締役社長　小林 恵生　98
株式会社ホワイト・ベアーファミリー　代表取締役社長　近藤 康生　100
クロスホテル大阪　総支配人　後藤 修二　102
ホテル日航金沢　常務取締役総支配人　呉服 弘晶　104
one@Tokyo　総支配人　齋藤 和彦　106
金沢東急ホテル　執行役員総支配人　斉藤 克弥　108
株式会社 ロイヤルパークホテル　常務取締役総支配人　笹井 高志　110
藤田観光株式会社　代表取締役会長　佐々木 明　112
ホテルメトロポリタン（日本ホテル株式会社）取締役 総支配人　佐藤 進　114
東洋観光事業株式会社 常務取締役　ホテルブエナビスタ総支配人　重山 敬太郎　116
大和リゾート株式会社　代表取締役社長　柴山 良成　118
金沢ニューグランドホテル　代表取締役社長　庄田 正一　120

株式会社ホテル日航大阪　代表取締役社長・総支配人　ジャン・W・マーシャル　122
IHG・ANA・ホテルズグループジャパン　エリア総支配人 兼 ANAクラウンプラザホテル大阪 総支配人　十楚 晃昌　124
The Ritz-Carlton Hotel Company, L.L.C. ヴァイス・プレジデント日本／韓国 ザ・リッツ・カールトン東京 総支配人 ジョン・ロルフス　126
THE HIRAMATSU HOTELS&RESORTS　代表取締役社長　陣内 孝也　128
株式会社東急ホテルズ 執行役員　マーケティング部長　末吉 孝弘　130
ホスピタリティマネジメント株式会社　代表取締役社長　菅野 潔　132
株式会社グランビスタ ホテル&リゾート　代表取締役社長　須田 貞則　134
ザ・ペニンシュラ東京　取締役 総支配人　ソーニャ ボドゥセック　136
ハレクラニ・ワイキキパークホテル　アジア地区担当シニアセールスマネージャー　高岡 一輝　138
登大路ホテル奈良　総支配人　髙田 宏　140
ホテル日航関西空港（エアポートホテル運営企画 株式会社）代表取締役副社長 総支配人 髙橋 信行　142
ANAクラウンプラザホテル釧路　取締役総支配人　髙橋 将文　144
赤倉観光リゾート&スパ　支配人　田子 直樹　146
ホスピタリティパートナーズグループ代表　田中 章生　148
KPG HOTEL&RESORT　取締役社長 兼 COO　田中 正男　150
株式会社ロイヤルホテル常務執行役員　リーガロイヤルホテル（大阪）総支配人　田辺 能弘　152
一般社団法人 IWPA（国際ウエディングプランナー協会）代表理事 有限会社ビットマップ 代表取締役 谷藤 進　154
株式会社グリーンハウス 代表取締役社長　株式会社グリーンホスピタリティマネジメント取締役CEO　田沼 千秋　156
ヨコハマ グランド インターコンチネンタル ホテル　総支配人　千葉 幹夫　158

株式会社ミリアルリゾートホテルズ　代表取締役副社長　チャールズ・ベスフォード　160
ヒルトン・ワールドワイド　日本・韓国・ミクロネシア地区 運営最高責任者 ティモシー・ソーパー　162
株式会社かりゆし　代表取締役社長　當山 智士　164
三井ガーデンホテル札幌　総支配人　戸田 真人　166
ホテル辰巳屋株式会社　取締役総支配人　藤田 徳三　168
名古屋ホテルズ会　会長　船橋 誠　170
三井ガーデンホテル銀座プレミア　総支配人　中 弥生　172
株式会社神戸ポートピアホテル　代表取締役社長　中内 仁　174
株式会社 中沢ヴィレッジ　草津温泉ホテルヴィレッジ取締役総支配人　中澤 一裕　176
HMIホテルグループ　ザ クラウンパレス新阪急高知 営業統括支配人 中西 克行　178
コアグローバルマネジメント株式会社 代表取締役　中野 正純　180
株式会社ジェイアール西日本ホテル開発 ホテルグランヴィア京都 代表取締役社長 JR西日本ホテルズ カンパニー長 中村 仁　182
ホスピタリティ　ツーリズム専門学校　校長　中村 裕　184
ホテルエクレール博多　支配人　永安 重喜　186
ホテルセントパレス倉吉　代表取締役　名越 宗弘　188
株式会社 レイア パートナーズ　代表取締役社長　野﨑 隆男　190
二子玉川エクセルホテル東急　総支配人　橋本 好美　192
ホテルアリヴィオ（濵屋織物株式会社）取締役　濵 哲史　194
株式会社龍名館　代表取締役社長　浜田 敏男　196

ホテル・旅館業界に
魅了された
121人が
自身の言葉で綴る
熱き想い。

日本の誇る「おもてなしの心」で
お客さまに夢と感動を提供

株式会社プリンスホテル 代表取締役社長
赤坂 茂好　SHIGEYOSHI AKASAKA

栃木県出身。1976年国土計画株式会社（現株式会社プリンスホテル）入社。2003年6月同社取締役・総支配人、06年2月株式会社プリンスホテル取締役 長野・群馬地区総支配人、07年6月同社常務執行役員、09年6月 同社専務執行役員、15年8月同社代表取締役 副社長執行役員 東北統括総支配人兼新潟・長野・群馬統括総支配人、15年12月同社代表取締役社長 社長執行役員就任（現任）。

プリンスホテルは国内外で49ホテル、31ゴルフ場、10スキー場を運営するほか、温泉、テニスコート、映画館、水族館など多彩な施設の運営も行なっており、さまざまな場面で日本の「おもてなしの心と技術」をベースに長年磨きあげてきた独自のサービスを提供いたしております。また、世界に9カ所の海外オフィスを展開しており、約7000人の従業員が国内外で活躍をしております。

私自身も、大きなスケールの一方で細やかなサービスを行なっていたプリンスホテルに興味を持ったことがきっかけで入社しました。入社後すぐにリゾートホテルへ配属となり、訪れるお客さまに周辺の観光地や季節ごとの素晴らしい絶景がみられる場所にご案内するなど、全力で取り組んでおりました。その頃の話ですが、客室が満室のある週末、ホテルが断水になってしまい、従業員全員で一晩中お客さまの対応をいたしました。

お客さまにご不便をお掛けしてしまい、多数の苦情をいただくことを覚悟していましたが、翌朝、チェックアウトの際に多くのお客さまから「朝まで大変でしたね。ご苦労さまでした」とあたたかいお言葉を頂戴しました。この出来事は、どのようなことがあっても、誠意をもって全力でお客さまに対応することが大切であることを教えてくれた思い出でもあり、ホテリエとして自信が持てた瞬間でもありました。

この経験が元になり、私は今でもホテリエとしてお客さますべてに夢と感動を提供することが使命であると考えております。

現在のホテル業界を取り巻く環境は、旅行者のニーズや旅行スタイルが多様化するなど旅行マーケットに急激な変化（パラダイムシフト）が起こっています。このように大きな転換期を迎えたホテル業界では、何ごとにおいてもあきらめず挑戦する気持ちが大切です。さらに増加する訪日外国人旅行者のニーズに応えるためには、外国人目線にたった国際感覚を持つ人材が求められます。

ホテル業界を志す皆さまも、挑戦する強い気持ちで自分にさらなる磨きをかけ、ホテリエという夢をつかみ取ってください。

皆さまと一緒に、日本の誇る「おもてなしの心」でホテルを訪れるすべてのお客さまに夢と感動を提供し、グローバルにひらかれたホテル業界の更なる飛躍へ挑戦してまいりたいと思っております。

お客さまが何を望んでいるかを見極め、応えてあげるのが私たちの仕事です

裏磐梯レイクリゾート
総支配人　浅沼 泰匡　YASUMASA ASANUMA

埼玉県出身。1997年株式会社ベルーナ入社。情報システム本部に所属。システム開発や、業務コンサルティングを行ない、2013年情報システム本部長代理に就任。16年4月裏磐梯レイクリゾート総支配人に就任し、現在に至る。

ホテルには、営業、予約、フロント、レストラン、客室清掃等さまざまな役割があり、ある程度マニュアル化されていますが、マニュアル通りにできないことも多くあります。そんなときは、「自分がされたら嬉しいことをお客さまにしてあげましょう」とアドバイスしています。例えばレストランにお客さまが来られたとき、暑い日だったら氷水が嬉しいし、寒い日であれば、水よりも暖かいお茶の方が嬉しいかもしれません。おすすめのアクティビティを聞かれたときも、人気のあるものを進めるだけでなく、人数、年齢、体力等を伺いながら、一番楽しめそうなものを提案するようにしています。数カ月後、自分がご案内したお客さまと、ロビーで再度お会いし、言葉を交わしたときの喜びは、格別です。

マニュアル通りのオペレーションは、たしかに統制が取れ、均一のサービスを提供できます。しかし、リゾートホテルに来られるお客さまは、日常的な空間から離れ、癒しを求めているので、マ

ニュアル化されたサービスでは、お客さまを満足させることはできません。そのようなサービスを提供するためには、ホテルに勤める私たちも、たくさんの経験と勉強をし続けなくてはなりません。アクティビティも、情報だけ知っていて説明するのと実際に体験をしてから説明するのでは、魅力の伝わり方がまったく違います。また、他のホテルにも訪問し、いろいろなサービスを受けることで、自らが嬉しい、楽しいと思った経験を、お客さまにも提供することができるようになります。

お客さまに満足していただくために、日々働いていますが、ときには厳しいご意見を伺うことがあります。大小さまざまなご意見がありますが、まずはしっかりとお話を聞くことが大切です。ここで、ホテル側の都合や言い訳をしても、かえってお客さまの感情を高ぶらせるだけです。お客さまの話は最後の最後までしっかりと聞き続けます。人はネガティブなことを言い続けることはできません。話を聞いているうちに、感情も落ち着かれて、どの部分に不満があったのかを、詳細に伝えてくれます。その後はお客さまのご意向をくんで、ホテル側の意見をしっかりと伝えるようにします。お客さまに納得していただき、最後は笑顔で、「また来るよ」と言ってくださったときは、ホテルの仕事をしていてよかったなと思う瞬間です。

ホスピタリティ産業の頂点を目指せ！

株式会社グリーンヒルホテル
代表取締役　浅野 充　MITSURU ASANO

1949 年 芦屋市生まれ。ホテル学校卒業後、69 年 4 月ホテルプラザ宴会サービス課へ。72 年株式会社ダイエーの外食事業部・フォルクス入社。74 年ホテルプラザ復帰。80 年京都センチュリーホテル入社。開業準備室、営業本部宴会予約課マネージャー、宿泊・レストラン・宴会と営業全般を担当、販売部副支配人、企画グループ支配人、副総支配人兼販売支配人を歴任。93 年株式会社グリーンヒルホテル入社。明石事業所総支配人、四事業所の統括、財務担当を経て、2008 年常務取締役、13 年 2 月代表取締役就任（現職）。㈶YMCA 学院専門学校ホテル学科 非常勤講師。11 年 NPO 法人日本ホスピタリティ推進協会（JHMA）認定ホスピタリティ・コーディネータ資格取得。著書に「叶わぬ夢はない（42 年目の再生）」（文芸社刊）。

私がこの業界に入った当初（１９６８年）は、「GUEST IS ALWAYS RIGHT.」と教えられたものである。

現在においても間違いではないものの、ホテリエとゲストの関係は〝上下の縦の関係〟から〝対等な横の関係〟へと変化してきた。この流れはある意味、１９６４年前後の「第一次ホテルラッシュ」と言われた日本のホテル創世記から50年近くの歩みの中で培われた、ホテルマン（ホテリエ）の仕事への執念と努力の成果であると信じて疑わない。

「サービス」から「ホスピタリティ」への変化は、現場に携わる一人ひとりの従業員の熱意と、それを統括する運営、並びに経営側の考え方の進歩に他ならない。つまりは『仕事をする（働く）ことが己の人生をより実り多きものとする』と信じて取り組んできたからである。「ホスピタリティ」の和訳となる最適な日本語が存在しないのも、ホテルの仕事がグローバリズムの中にあるが故のことではないだろうか。

　私はホスピタリティを『利他』と言い換えて、後に続く若者たちに伝えている。同じ時間と空間を共有する人たちに『今、何をしてあげられるのか？』『この瞬間を快適に感じられるためにどうすれば良いのか？』をその時々で考えて行動すること、すなわち自己を後回しにして周りの他人を優先することを研鑽《けんさん》し続け、身につけることが、周りの人たちへのホスピタリティであると捉えているからだ。

　ホテルという接客業の頂点で日々働くわれわれは、ゲストスペース（ゲストと従業員）に居ようが、バックヤード（従業員同志と取引き先など）に居ようが、他人との接点を持つ空間に居る間は常に「プロフェッショナル」として『利他』の意識を持ち続けることで自己を高め、相手と対等な関係を構築することができる。

　さらに、そこから生まれる共創の発展が互いにリスペクトし合える関係を創り、維持し、向上させることで『相互満足の昇華となる』と私は信じている。

　職場でも、家庭でも、どこでも自分以外の人と一緒に居るすべての場所とあらゆる時間において、『今、周りの人に何をしてあげれば良いのだろうか？』と考え、行動し、そして続けてみませんか。今をさかのぼること48年余り前、何も知らずにこのホテル業界に飛び込み、50年近くを過ごしてきた自称「ホスピタリティの伝道師」の言葉に耳を傾けて。

日本にいながら
グローバル人材に成長できる業界

株式会社 アゴーラ・ホスピタリティーズ
代表取締役社長　浅生 亜也　AYA ASO

1968年生まれ。大阪府出身、ブラジル育ち。大学卒業後、ロサンゼルスにてホスピタリティ業界でのキャリアをスタートさせ、帰国後にはシェラトン・グランデ・トーキョーベイ・ホテルを経て米国公認会計士の試験に合格し監査法人に入所。株式会社スペースデザインで国内サービスアパートメントの開発や運営などを経て、イシン・ホテルズ・グループに入社。2007年に株式会社アゴーラ・ホスピタリティーズを創業。「美しい日本を集めたホテルアライアンス」の創造をビジョンに、都市型ホテルから、スモールラグジュアリーリゾートや老舗旅館など国内13施設のホテル・旅館を運営。

ここ数年で日本の観光市場は大きく変わりました。「観光立国宣言」と共に今まであまり注目されてこなかった観光が国家重要課題と認識されるようになり、ビジット・ジャパンなどに始まる観光施策が繰り広げられるようになったことに加え、近年の為替やビザの発給の影響で海外からの訪日旅行者数が著しく伸びました。街の様相も変わり、日常の生活風景を多くの外国人と共有するのはもはや当たり前の光景となりました。

このような環境の変化に伴い、ホテル業界の人材も変化を求められる時代に突入しました。世界から来日するお客さまが日本の何を求めて来ているのか、自国ではどのような言葉で話し、どのような生活環境でどのような慣習を大切にしているのかなど、多くを知る必要があります。そのため、ただ外国語を習得すればよいというレベルではなく、自国日本の価値観や文化に関する知識を高め、同じレベルで外国の価値観や文化を学び受け入れる多様性と柔軟性を持つことが求められています。「真のグローバル人材」でなければならないのです。

多くのホテル経営者がこのことを強く意識しているため、これからこの業界に入る方々には、グローバル人材へと成長するための勉強の場と機会が数多く用意されると思います。正に、日本にいながらにしてグローバル人材に成ることが叶う業界であると言えます。

私は幼少期に長く海外で過ごしましたが、その頃周囲には「日本人」に馴染みがあっても「日本」についての知識がない人がたくさんいました。日本人であり、母国日本に誇りを持っていた私は、その後20年の海外生活を経て帰国し、日本の素晴らしさを世界に発信したいという思いを実現するためにホテル運営会社「アゴーラ・ホスピタリティズ」を創業しました。ホテルが、ホスピタリティや空間を通じて「日本」を体感してもらうことのできる優れたメディアであると考えたからです。このメディアという機能を持つホテル業界に従事するということは、自らの行動が日本の素晴らしさを世界に発信することにつながり、日本の文化の継承や経済の発展に貢献できる意義深い職業に就くということです。

社会人としての第一歩を踏み出すとき、いろいろな側面から将来を展望することと思いますが、ぜひ誇りを持てる意義ある仕事に就いて頂きたいと願っています。

そしてこのホテル業界こそが誇りを持ち意義を感じることができる仕事である、と「熱く」お伝えしたいと思います。

山の登り方はさまざまだ。決まった道はない、経年優化を楽しもう

株式会社三井不動産ホテルマネジメント
代表取締役社長　足立 充　MITSURU ADACHI

1982 年三井不動産株式会社入社。ビル事業の開発・運営に携わる。グループ会社「株式会社三井の森」で別荘開発・運営やゴルフ場運営事業などの従事を経てビル事業部門に復帰。その後、「三井不動産ビルマネジメント株式会社」にて、全国展開する三井不動産グループのビル運営事業に携わる。2014 年 4 月より現職。

総合デベロッパーを母体とする私たちのグループが目指す共通の理念がある。それは「経年優化」という。街や施設が歴史を重ねると共に、劣化するどころかますます輝きを放ち、新たな価値を創造していくことを目指そうというものだ。

私は長く施設運営の仕事に携わってきた。それは必ずしもホテルの仕事に限らない。どちらかといえばこの世界に身を置いてまだそれほど長いわけではない。しかしながらこのホテルというワクワクする世界に今ではどっぷり浸かっている。

施設とは、創業の開発者の情熱や理想が込められて世に生まれ、そして運営者の手に委ねられる。運営者は、そこに真の利用者であるお客さまをお迎えし、お客さまと共にその施設に息吹を吹き込み、生活や文化の営みを重ね、歴史を刻む。

お客さまから長く愛され、リピートされるホテルという施設はまさに「経年優化」の代表選手だと思う。

バジェットからラグジュアリーまでホテルの種

類はさまざまだ。そして、どのホテルにもそこに働くホテリエが輝ける場所がある。私たち三井ガーデンホテルチェーンはアッパーミドル層を対象とする宿泊主体型ホテルを標榜し、専《もっぱ》ら宿泊のお客さまの接遇に力を入れている。お客さまと向き合い、寄り添う現場で、日々お客さまからさまざまなことを教わり、自分たちの成長の糧《かて》にしている。また、国内の複数エリアで地域に根差した個性的なホテルの展開を進めており、常にお客さま目線の新規開発やリノベーションといった商品開発に挑戦している。

その根底にあるのは「経年優化」を目指すDNAだ。

若きホテリエは、自分に期待し、その可能性を信じてこの世界に飛び込んでくる。各々が目指す山の頂があるとすれば、その登り方はさまざまだ。決まった道はない。時代の変化にしっかり対応するホテルの懐に抱かれ、何よりもお客さまとの出会い、触れ合いを大切にするホテリエがお客さまに感動をご提供し、優化し続けるホテルを創っていく。そして、自分自身もまた成長していく。まさに、ホテルという仕事の醍醐味だ。

さあ、「経年優化」を楽しもう。

島の生活

はいむるぶし
代表取締役社長 兼 総支配人　渥美 真次　SHINJI ATSUMI

1965 年生まれ。愛知県出身。1988 年リゾート運営会社入社。入社以来、経理など管理部門担当。90 年に小浜島のはいむるぶしに異動。北海道勤務を経て、はいむるぶしが分社化する際に熱望して移籍し、小浜島に移住。島の生活は 20 年超に及ぶ。2014 年より現職。運営のモットーは「基本」と「一歩前へ」。趣味は素潜り、釣り、旅行、ビール　小浜バドミントンクラブ部長。

※写真は釣ったシイラと共に。

私の住む小浜島は、沖縄本島からも飛行機で1時間弱の石垣島からさらに船で30分ほど。人口600人、医者が一人、警察駐在が一人。洋服屋も床屋もコンビニも、何と信号も無い島です。台風が来れば、石垣島からの定期船が止まり、まさに孤島状態。

そんな何も無い島ですが、はいむるぶしには全国、また海外からも仲間たちが集まり、国籍も経歴もさまざまなスタッフが、これまたさまざまなお客さまをお迎えしています。映画館も飲み屋街も無い島ですので、私たちは西表島に沈む夕陽や満天の星を眺めながらオリオンビールを飲んだり、バーベキューをしたり、みんなで船を借りて釣りやスノーケルに出かけたり、満員電車も無い島で、都会では味わえない生活を送っています。これができるのも、はいむるぶしがあってこそ。一般企業では、この生活はできません。

ホテルの仕事、これは世界中にあります。皆さんの前には世界が広がっています。日本の中でも北海道から沖縄、私の住む人口６００人の島まで。

私は北海道やさまざまな土地での勤務を経てこの島に移住しましたが、皆さんもキャリアを積めば、都会の高級ホテルから、辺境の地、さらには海外のリゾートまで、選択肢はさらに広がります。これもこの業界の一つの特徴だと思っています。一般企業のサラリーマンが住めないような場所で暮らし、普段はお会いできないようなＶＩＰや、あらゆる職種とご趣味、ご経験をお持ちのお客さまと近く接する機会を、日々持つ。これはホテル業ならではです。

はいむるぶしには、エイサー隊のほか、部活としてスタンドアップパドルボード部、サンシン（三線）部などがあったり、お客さまだけでなくスタッフ同士の「ありがとう」の声をもらうと、ポイント制で自分で選んだ研修に使える制度があったり、寮祭やスタッフによる無料バーが開催されたりと、ユニークな福利厚生・研修制度を持っています。私もこの島に来て、価値観がガラッと変わりました。流行の色とか服。あれは一体何だったんだろう。今では短パンとＴシャツがあれば満足。スーツで満員電車に乗って通勤することもありません。

人は変われます。ホテル業は、さまざまな土地やさまざまな人との出会いで、人を着実に成長させてくれます。

さあ、勇気を持って、一歩、踏み出しましょう。

需要構造変化がホテリエに与えるポジティブな可能性

神戸メリケンパークオリエンタルホテル
総支配人　荒木 潤一　JUN-ICHI ARAKI

1964年2月4日生まれ。大分県出身。株式会社ダイエーよりキャリアをスタートさせ、98年 ホテルセントラーザ博多へ出向、婚礼・マーケティング部門長などを務めた後、2003年に同ホテルの副総支配人として着任。その後、ホテルセントラーザ博多とオリエンタルホテル広島の総支配人を歴任。オリエンタルホテル広島では、旧広島ワシントンホテルプラザをリブランドし開業の責任者としてオープンを成功させた。15年1月、神戸メリケンパークオリエンタルホテル総支配人に就任し、8月までオリエンタルホテル広島の総支配人を兼務。15年20周年を迎えた神戸メリケンパークオリエンタルホテルでマーケッターの視点からポテンシャルを最大限に活かすための改革に着手。

ある講師が「仕事とは『人の困っている事を解決する事』、給与は『解決の対価として受け取るもの』」と言っていました。これをホテリエの仕事に置き換えるならば、「どう楽しめばいいか困っている」人の問題を解決する事という側面があるのではないでしょうか。

となると、人がどう楽しむかをクリエイトし提供する事は、ホテリエの仕事の中で、重要なポイントになってくると言えます。

顧客にとってホテルに行くという事は日常生活の中では、特別な体験です。それ故、われわれホテルは高いレベルの「困っている」を解決しなければなりません。

過去10年、業界は大きく変わりました。変動の起因は、需要の変化、加えて急激なオーナーチェンジが短期的利益を優先させてきたことです。その利益アップの手段として、主には効率化・ローコスト化が行われ、先述した本来のあるべきホテリエの仕事とはかけ離れ、ホテリエにとっては不毛な10年だったと言えます。

しかしこれから業界は異なる方向に変化します。ネットを媒介とした情報伝達の速度アップ、観光旅行のグローバル化・多様化・個人旅行化、顧客志向の深度アップなど環境がものすごい速さで変化する中で、今まで利益成長を支えてきたレベニューマネジメントを代表とする高効率化や人件費などのコスト削減という手法は、環境変化やレベルアップによる標準化により機会と効果の度合いにおいて枯渇しつつあると思います。デスティネーションにおけるホテルの重要度はアップし、より個性的で魅力的であり、より選ばれるホテルになる必要があります。

これらの構造変化はホテリエに本来のホテリエとしてのレベルアップを余儀なくさせます。ニーズは叶える事から創造する時代に変化します、マーケティングは宣伝手法からクリエイトする事に重きが置かれるようになります。実現に必要不可欠なのは優秀な人材なのです。


マーケットグロースだけではなく需要構造と顧客の求める質の深化がホテリエにとって春を到来させます。待ちの姿勢から本質的顧客ニーズを満足させ得るクリエイティブな人材がホテルで活躍する時代になります。顧客志向へ本気で向き合わねばならない時代に成長を余儀なくされ、そしてデスティネーションの中でホテルの立ち位置はより重要なポジションを占めていきます。その先には、ホテル出身者がホテル業界だけでなく観光業界全体をリードする人材として輩出されていくと確信しています。なぜホテルが他の観光産業よりもチャンスに恵まれているといえるのか？　それはホテルが情報の集合体で、多くの顧客情報・パートナーシップを持ち、そして多彩なニーズを受け入れる機能複合体であるが故です。

これからのホテリエには、観光産業の次世代のリーダー・変革の芽となっていただきたいと思っています。

ホテルは自分を成長させてくれる魔法の玉手箱

花巻温泉株式会社（佳松園・ホテル千秋閣・ホテル花巻・ホテル紅葉館）
代表取締役社長　安藤 昭　AKIRA ANDO

1959 年神奈川県松田町生まれ。82 年富士屋ホテル株式会社入社。料飲部門を皮切りに客室課、宿泊課に従事。90 年国際興業株式会社が所有するハワイのシェラトンホテルズにて 1 年間のマネージメント研修。人材開発部課長、総務部課長、富士屋ホテル副支配人、経営企画室長、総務部長を歴任。2005 年富士屋ホテル株式会社取締役に就任。06 年富士屋ホテル株式会社取締役管理本部長。07 年富士屋ホテル取締役総支配人。09 年富士屋ホテルチェーン取締役ブライダル事業本部長兼務。10 年富士屋ホテル株式会社代表取締役社長。14 年花巻温泉株式会社代表取締役社長に就任、現在に至る。

ホテルのことを何も知らないで飛び込んだ22歳。現在は、企業研究や業界研究といった学校が用意してくれる企業ガイダンスなどで将来の職業をじっくりと研究して就職試験に臨むことが一般的となっています。当時の私は、ホテルのことを理解しないで富士屋ホテルのドアを叩きました。最初に配属された部署が料飲部。今でも覚えている先輩の言葉が「手を抜くな。いつもお客さま、先輩、上司が仕事ぶりを見ている」。私にとっては強烈な言葉でした。料飲部の仕事はレストラン、宴会、バーなど多岐に渡っています。料理のオーダーはすべて英語の略称でオーダースリップに記入。

湯本富士屋ホテルのフロントへの異動も大きな節目となりました。当時の売上目標を3年計画の所を2年で達成いたしました。そのときは、予約の責任者でした。自分の判断で良くも悪くもなる予約コントローラーの業務は楽しくもあり、自分を成長させてくれました。23歳のときに、先輩から誘われた労働組合の仕事も楽しくなり、ハワイ研修に行く数年前まで中央の書記長を経験いたしました。先輩からは、将来経営の立場になったときに、役に立つからということでしたが、その当時はホテルの支配人になりたいなという願望はありましたが、経営陣の一角に携わることなど考えてもいませんでした。

ハワイ研修も自分を一回り大きくしてくれたものとなりました。海外のことなど何も分からずに家族を残して1年間赴任させていただきました。異文化でのホテル経営、多国籍のスタッフが集まる大手ホテルチェーンの経営手法など、大いに役に立つことが多かったと思っています。そして、夢にまで見た一国一城の主である富士屋ホテルの総支配人。130年を超える伝統あるホテルの責任者としての責任と重圧。ご利用されますお客さまから教えていただくヒントの数々。従業員のやる気をいかに引き出し、従業員あってのホテルで、仕事がやりやすい環境を作ることがトップの役割と肝に銘じながら取り組みました。現在は、東北の一大リゾート地、岩手県花巻市にあります花巻温泉株式会社で勤務いたしております。昭和2年に創業者であります金田一国士氏が「東北に宝塚を」という強い思いでスタートさせた会社も昨年創業88年を迎えました。その後引き続がれ、現オーナーの指導のもと100周年に向けた改革を実行中でございます。ホテルは常に変化があり、自分たちの意思でどのようにも変わります。一人ではできないこともチームとして同じ目標に向かって邁進する中に成長が必ずついてきます。

お客さまの声を直接伺えることができるホテルの仕事。お客さまの喜んでいただける笑顔が見たい。従業員の心から喜ぶ笑顔が見たい。大変なことも数多くありますが、お客さまの笑顔一つに自分自身の成長があると思える職業。数多くの方々がこの業界で日本を元気にできるように頑張りましょう。

今の時代だからこそ 人間力を磨ける宿泊業へ

有限会社フェイスアップ　代表取締役
ホテルショコラ函館　総支配人 飯野 智子 TOMOKO IINO

株式会社ホテルオークラ東京において上海勤務、国際セールス、宿泊予約などに携わる。2003 年、ホテルオークラ退職後、倉敷のビジネスホテルや伊豆の老舗旅館などで現場に入りながら業務コンサルティングを行なう。また、総務省の地域再生マネージャー事業において地域再生マネージャーとして業務にあたる。05 年 3 月　有限会社フェイスアップ設立、代表取締役に就任。現在では、函館にあるホテルショコラ函館の運営を受託し、総支配人として現場に立ちオペレーション全般を指導する一方で、自治体、各種企業向けに日々の経験を活かしたホスピタリティやコミュニケーションを題材とする研修や講演を行なっている。

ホテル業界で働くことの魅力についてさまざまな意見がある中で、私が思うのは「大変なことも多いが人間力を磨くことができる業界である」ということです。言い換えるなら社会人に求められる力をビジネスに活かすことで個人も組織も大きく飛躍できる業界であると思います。

それでは社会人に求められる力とは何でしょう。これは考え方により回答が異なると思いますが、私は以下の5つを大切にしています。

①思考力：接遇に際しては根拠のない思い込みではなく、思考と予測によってお客さまへの提案や自分の行動を決める必要があります。また、お客さまと自分の関係性が今後どのように発展していくのか、あるいはお客さまが求めていることは何なのかといったことに対して思考を深められるとお客さま対応の幅が広がります。

②主体性：自ら考え行動することです。ホテルでは常に状況が変化します。いつも同じことをすればそれで良い訳ではありません。自分がすべきこ

とや、今求められていることは何かを考え行動することが必要です。
③論理性：私たちの業界では先輩の姿をみて学ぶ機会が比較的多く、ともすると感性に頼ってしまうことがあります。感性を活かすことは大切ですが、自分の考えや意見を正しく伝える、相手がわかるように伝えることなど、正しく言語化する力は大きな武器になると思います。
④コミュニケーション能力：ホテルはチーム力を必要とする仕事です。ゲストとのコミュニケーションはもちろんのこと、スタッフ間や協力会社の方々とも質の良いコミュニケーション力を発揮することが求められます。
⑤バランス力：多くの人が集うホテルではさまざまな価値観に接することがあります。極端に一つの考え方に偏るのではなく、常にバランスの取れた考え方ができるようになると自身の視野が広がります。
これらの力を総合的に活用する一方で時代の変化をいち早くキャッチし対応する力も求められます。人間力を常に磨ける場としてはホテル業は最も適しているのではないでしょうか。

もちろん、日々の業務は良いことばかりではありません。良かれと思って取った行動が評価されないということはしばしば起きますし、時には理不尽だと思うこともあります。しかしながらそれらをすべて関係性のマネジメントと捉え、如何にお客さまにまたは共に働くスタッフに「ここが一番」だと感じていただく場所をつくるかというところにこの業界の面白さ、醍醐味があると考えます。

日本のホテル業界がより一層世界中から認められ、発展するためには素晴らしい人間力を携えた若い力が必要だと確信しています。さまざまなトライ&エラーを繰り返し、従来の考え方に捉われずに多用な業界と連携しながら日本発、世界に誇れるホテリエとなり、国内外で活躍していただけたらと願っております。

日本のホテルで生きがいと喜びを感じる人生を送る

株式会社ホテルオークラ東京
代表取締役社長　池田 正己　MASAKI IKEDA

1952年生まれ。75年大成観光株式会社（現、株式会社ホテルオークラ）入社。フロント会計、情報システム部、社長室、事業部を経て、2006年株式会社ホテルオークラ東京ベイ取締役、12年株式会社ホテルオークラ東京ベイ代表取締役社長（現任）、14年株式会社ホテルオークラ東京代表取締役社長（現任）、15年株式会社ホテルオークラ代表取締役専務執行役員(現任)。15年ホテルオークラ東京本館建て替えのため、別館の単独営業を遂行した。

ホテルでは元来、宿泊施設として客室に関連する仕事が主体でしたが、現在では飲食を提供するレストラン、宴会場にかかわる仕事の比率も高まりました。一般企業のように間接部門（人事、総務、経理、購買など）もしっかり組織されていますので、多種多様な仕事に就くことができるという魅力があります。一種類の仕事に打ち込んでその道を極め、スペシャリストになることもできますし、さまざまな部門で経験を積み、ゼネラリストになるという選択もあります。そしてどの選択肢をとっても、最終目的はお客さまに満足していただくということに行きつきます。

お客さまの満足をサービス面で見てみますと、世界各地に広くチェーン展開しているホテルでは、マニュアルが整備されており、それに従ったオペレーションが確立されています。しかしながら、マニュアルはどこに行っても同じ品質のサービスを提供できるというメリットがある反面、画一的なサービスになってしまうというデメリットもあります。一方、日本の場合は詳細なサービスマニュアルを確立させているホテルは少ないと聞いています。

基本的にはOJTを通じ、表面的なサービス方法ではなく「お客さまを心からもてなす」という根本的な考え方を教育しています。その考え方さえ身についていれば、自分がお客さまのためにどのようなことをして差し上げればよいのか、いろいろな場面において、その場その場に応じた振舞いができるのです。ここに日本のホテルの素晴らしさがあるのではないのでしょうか。日本人の持つおもてなしの心（相手を思いやる気持ち）は世界一だと信じています。

ホテル業に代表されるサービス業は、お客さまと直に接することが多く、お客さまの満足度が身近に伝わってきます。「人間は人の役に立って認められたとき、生きがいと喜びを感じる」とよく言われますが、ホテルの場合「お客さまに満足感を提供できたとき、生きがいと喜びを感じる」と置き換えることができます。すなわちホテルでの仕事とはお客さまと心を共感させるというかけがえのない経験の積み重ねなのです。

人不足対策には、労働力の合理的な国際化、労働条件の改善向上の二つが鍵

専門学校日本ホテルスクール
理事長・校長　石塚 勉　TSUTOMU ISHIZUKA

1970 年関西学院大学卒。71 年株式会社プリンスホテル入社、プリンスホテルスクール設立に従事。76 年財団法人日本ホテル教育センター／日本ホテルスクールの設立後、社命転籍、82 年〜総務、教務、広報の各部長、事務局長を歴任、2006 年理事長、校長。09 年学校法人日本ホテル学院理事長、専門学校日本ホテルスクール校長。13 年一般財団法人日本ホテル教育センター代表理事。その他、日本旅館国際女将会顧問、一般社団法人全日本シテイホテル連盟顧問、公益社団法人日本ブライダル文化振興協会常任理事、一般社団法人日本ホテル・レストランサービス技能協会理事、中野区専門学校協会会長、全国語学ビジネス観光教育協会理事長、観光立国推進協議会委員、スコールクラブ：日本会長、アジア地区副会長等々。

業界の人不足に関連して、日本の人口の増減を概観してみますと、１億２８０８万人という人口のピークを迎えたのが８年前の２００８年、人口１億人を突破したのが49年前の１９６７年で、32年後の２０４８年には１億人を割る予測がなされています。この81年間における約２８００万人の人口の増減は、少子高齢化の問題に加え、家庭、学校、企業をはじめ、日本の社会全体に大きな影響を及ぼすことになってきます。

過去の経済成長期においても人不足は大きな課題となっていました。日本の高度経済成長期は、第一期（設備投資主導型）：１９５４〜１９６１年、転型期（転換期）：１９６２〜１９６５年、第二期（輸出・財政主導型）：１９６５〜１９７３年に区分されていますが、私の業界入りした１９６４年は、ホテル産業の黎明期、正に転換期で労働力の売手市場、ホテル学校も人材確保・育成を目的として第二期１９７２年に開校しています。こうした経済成長の時代にあっても労

働力・人不足が叫ばれていました。同じ不足であっても、これらの経済成長期にあっては、成長下での不足、現在及び近未来での不足は少子高齢化が主要因で、それぞれ状況が異なっています。

日本の観光産業は、２００３年小泉内閣が国会で初めて観光立国宣言をして以来、ビジットジャパンキャンペーンの開始、２００６年観光立国推進基本法の成立、２００８年観光庁の発足、２０１５年訪日外国人２０００万人の突破などを経て、２０２０年の東京オリンピック・パラリンピックの開催、来日外国人４０００万人、２０３０年６０００万人を目指して、日本の基幹産業になるべく進んでいます。ホテル産業も観光産業の一つとして、異文化理解や語学を含めた国際化への対応、ＩＴを導入した経営管理の技術革新、日本の伝統文化を活かしたサービスの向上へ向かっていくでしょう。

少子高齢化や人材不足は、深刻な問題、容易に解決できるものではありません。しかし時代環境がどのように変貌を遂げていっても、われわれの観光産業、ホテル産業は存在し続け、またわれわれもその中で生き続けていくことは間違いありません。ホテル産業ほど、新しい時代を反映した、また多種多様の業務を含んだ面白みのある産業はありません。経営者には、多くの人々が注目し、日本の基幹産業に相応しい「魅力」ある産業に向けて、処遇向上や職場環境の整備に努力して欲しい、また働く人々には、新しい国際化の時代に対応できる知識や技能を身につけ、組織に貢献できる、企業や業界をリードする人材を目指して、「誇り」を培ってほしい。ホテル産業での予想される人不足対策には、労働力の合理的な国際化、労働条件の改善向上の二つが鍵となってくるでしょう。

“観光業”で若者の笑顔がお客さまをお迎えするために

富良野ナチュラクスホテル
専務取締役　石平 清美　KIYOMI ISHIHIRA

2007 年より JR 富良野駅前にて、宿泊業創業 80 年の 4 代目の継承をする。時代のニーズに応え、ゲストから末永く愛されるホテルを目指して先代からの屋号も一新。「ナチュラル（自然）にリラックス（癒される）できる上質の空間のご提供」をコンセプトに富良野ナチュラクスホテルを立ち上げる。ふらの観光協会、富良野商工会議所、あさひかわ誘致協議会の一員として、現在インバウンドへのプロモーションを中心に富良野への誘致を展開している。観光庁と小樽商科大のコラボである「旅館・ホテルの経営人材育成講座」に参加し、今春より小樽商科大学大学院商学研究科に挑戦中。MBA を修得し学問的裏付けと現場経験を活かし、業界を志す若者を、一人でも増やしたいと日々奮闘中。

リオオリンピック、パラリンピックでは毎日感動の日々でした。リオオリンピックの閉会式のテーマは「喜びと祝福」であり、２０２０年東京オリンピックへの「フラッグオーバーセレモニー」から伝統的な「わび・さび」にとらわれず映像やアニメ・世界的にも有名な日本発のサブカルチャーを全面に押し出したＰＶで、絶賛されました。いよいよ２０２０年東京オリンピックです。さらなる、日本の先進的技術、安心安全、素晴らしい伝統文化を駆使して「お・も・て・な・し」でお迎えいたしましょう。

観光庁は２０２０年までには訪日外国人４０００万人受入れを国策としています。インバウンドの受入れには、光と影があります。「光」は新興国の経済成長、グローバル旅行の市場拡大、日本ブーム、「影」は為替国内外価格差、各国の規制などですが、国、道、市町村、各関係団体は、外国人観光客による観光経済循環のために多大な経済効果を地域にもたらせるよう邁進しております。

「富良野」は雄大な自然、ラベンダーに代表される花の街として、ワールドカップが開催されたスキー場、倉本聰先生「北の国から」の街として有名になりました。さらに①広域観光周遊ルート事業を道東中心に進め、②「日本版DMO法人」としての発展、③次世代の観光地域づくり「ブランド観光圏」事業の取り組みを行なっております。また国内への地域連携で旅行会社の招聘《しょうへい》・イベント・プロモーションを展開し誘致強化をしております。

観光地の魅力で一番重要なのは、現場でお迎えするスタッフ一人ひとりの笑顔です。ホテルでの仕事が好きであり、その地域が好きであることです。お客さまに安心で安全に過ごしていただくためのマニュアルをベースとし、自分自身がお客さまとの時間に楽しい気持ちになれ、お手伝いさせていただくことに喜びを感じられることが大切です。自分の夢を持ち、モチベーションを維持することは組織の中でも充実した日々となります。富良野ナチュラクスホテルはインバウンドのお客さまが70％ほどです。お客さまのかけがえのない一日を過ごして頂くホテルとし、心からのおもてなしをご提供させていただいております。たくさんのお客さまとの出会いは素敵なお仕事です。

幾千、幾万回の「一期一会」が「おもてなしのこころ」を育む

名古屋観光ホテル
取締役営業統括部長　伊藤 清勝　KIYOKATSU ITO

1966年愛知県生まれ。88年株式会社名古屋東急ホテル入社。宴会支配人、販売促進支配人を経て2011年株式会社名古屋観光ホテル入社。現在に至る。

『一期一会（いちごいちえ）』日本人の心の深層に、脈々と受け継がれ息づく美しい精神思想。元々は、茶道に由来することわざで、『茶会に臨む際は、二度と繰り返されることのない、一生に一度の出会いということを心得て、亭主・客共に互いに誠意を尽くす』という心構えを意味します。茶会に限らず、「あなたと出会っているこの時間は、二度と巡らぬ一度きりのものだから、この一瞬を大切に思い、今できる最高のおもてなしをしましょう」という意味を含んでいます。

三十年近く日本のホテルに従事して、振り返ると、若い頃先輩や上司から何気なく掛けていただいた言葉や指導は、いつも『一期一会』の大切さを諭されていたように感じます。

日々繰り返されるお客さまとの出会いに『一期一会』の気構えで接することの大切さを、無意識のうちに、学び、実践できる文化があります。

ホテルは、お客さまの人生の転機や想い出の一ページを彩る舞台です。その舞台では、ホテリエとお客さまとの『一期一会』が日々繰り返されているのです。

『一期一会』の心構えでお客さまに接し、想いがお客さまに通じたときの喜びは何事にも替え難く、ひとりの人間として成長させてくれることを実感できます。この積み重ねが、ホテリエたちの成長の糧《かて》となり、日本ならではの『おもてなしのこころ』を育んできたといえるでしょう。

年々増加する訪日外国人。2020年以降、東京オリンピック・パラリンピックの開催や、リニア開通など世界的に注目されるイベントが控えています。

世界中から日本を訪れるお客さまを第一線でお迎えするのは、若きホテリエたちです。

日本のホテリエたちが、脈々と受け継いできた『一期一会』の心構えと『おもてなしのこころ』をさらに育み、日本ならではの文化、魅力として世界に発信してゆくことを期待しています。

これから、ホテリエをめざす人たちや現在、第一線で頑張り活躍している若きホテリエたちに、素晴らしいステージが用意されているのです。

ものづくり日本人精神をホスピタリティへと継承

株式会社 アゴーラ・ホスピタリティーズ
統括総支配人　伊藤 成彦　SHIGEHIKO ITO

1966年生まれ。兵庫県神戸市出身。18歳より神戸大阪のシティホテルにて新規開業を含めた宴会料飲部門を中心に現場実務を経験。30代で料飲支配人、宿泊支配人、広報部長等での現場リーダー及びマネジメントを経験し30代後半にはシティホテルの副総支配人としてホテル全体のマネジメントを指揮。40代で地方のホテル旅館へ総支配人として着任、外資ファンドを皮切りに現アゴーラ・ホスピタリティーズにて九州地方の再生案件を軌道に乗せ現場第一主義にて現職。

ひと昔前の世界からの日本のイメージはものづくりの日本、経済大国、輸出国のイメージではないでしょうか。勤勉な日本人が作るものはクオリティが高く故障もなく、単に仕事だからではなく自身のする仕事、作るものに対して日本人としてのプライドと誇りをもって他国とビジネスという土俵で戦って勝利してきました。その根本的な要因は日本人の精神や気質、繊細さ、侘び寂びや文化の勝利によるものであったと私は思います。

　しかしながら時代の変化（ものより思い出や体験）に合わせ人々の趣味趣向や価値観など、さまざまな理由はあるにせよ今の日本は昔ほどの勢いはなくなってきたと感じます。私がホテル業界に入ったのが32年ほど前になりますが、その頃から少しずつ外資系ホテルが日本に進出してきて昨今では世界中のラグジュアリーホテルブランドはもとよりバジェットホテルに至るまでの多くが日本へ進出しております。これはホテル業にとって日本でのマーケットが大いに魅力があるからです。

ものづくりにおいて繊細緻密で仕事に対してプライドと誇りを持ち世界を圧巻してきた日本ですが、日本のホテル旅館業界に限っては一歩も二歩も諸外国に比べると遅れをとっているのではないでしょうか。しかしながらここに来て政府も本気で観光立国へと舵を切り出しました。

日本は安全安心な国であり、有形無形問わずまだまだ世界へ日本の素晴らしい文化や美しい風景等を発信し切れてないと感じております。そこにいる人たちにとっては日常のなんでもない風景であったり、当たり前に日常で使っているものであったり、礼に始まり礼で終わる当たり前の日本の作法慣習があります。

この日本にとって当たり前のことが「ものより思い出」の昨今の観光動機や来日目的、魅力的な観光資源になるのです。

その際の宿泊施設は西洋文化のみならず日本の侘び寂びなどを取り入れた日本ならではの「おもてなし」が提供できる旅館・ホテルが今以上に必要になるでしょう。そのために日本独自の文化風土をよく理解体感した、将来の観光業界を牽引する皆さんのような次世代のリーダーをたくさん必要としております。ぜひ皆さんの手腕で真の日本独自であり諸外国には到底マネのできない観光立国日本を不動の国へとしていきましょう。

当たり前のことが当たり前にできる日本ならではの「おもてなし」で、皆さんの仕事人生も豊かな人生にしていく大きな機会と時期があるのがこれからのホスピタリティ業界です。

ホスピタリティ業界の仕事は決して楽な道ではなく、失敗や挫折の繰り返しもありますが、それだけにビジョンを達成したときの喜び達成感は皆さんのプライベートにおいても大いに人生を豊かにしてくれるものとなるのです。

ロボットには決してできない仕事

東府や Resort & Spa-Izu
支配人　稲葉 博幸　HIROYUKI INABA

1962 年生まれ。85 年大倉観光開発株式会社入社、90 年赤倉観光ホテル配属。料飲部、管理部、宿泊部、ゴルフ場支配人、ホテル支配人を経て、2010 年Ｒ＆Ｍリゾート株式会社（東府やResort&Spa-Izu）に異動、支配人として現在に至る。
レストランサービス技能検定１級。

遠くない未来に、ＡＩロボットが人間にとって代わり、さまざまな仕事を奪い取っていくとの報道が最近目に付きます。確かに間違いのない優秀なロボットであれば、いろいろな仕事ができ、ミスをどうしても犯してしまう人間より、スムーズな業務ができるのかもしれません。ただそこに、触れ合いやあたたかさのようなものを感じることができるでしょうか。

私どもホテル・旅館のサービス業というものは、人と人との触れ合いにおいて成り立っている職業です。マニュアル通りのチェックインができ、ご注文されたお料理をただ提供すればよいというわけでは決してありません。一期一会の触れ合い、おもてなしがあってこそお客さまはご満足をされるものです。

私もこの業界に長くおりますが、毎日いろいろなお客さまと接する中で、マニュアル通りにすべてがいったためしがありません。それが、人間なのだと思います。そういった意味においては毎日緊張の連続ですが、お客さまから「のんびりできた、また来るね」との一言で、それまでの努力がすべて報われた気持ちになります。

宿泊業には人間が生活する上で必要な衣・食・住がすべて揃っており、そういった意味でもロボット化が進めば進むほど、原点の癒やしを求められるお客さまで、逆にこの業界は賑わうのかもしれません。今後バック部門など一部ロボット化はされていくとは思いますが、ロボットには決してできない仕事をしているとの自負のもと、ほんの細やかなことでも気に留めながら、本当の意味でのサービスをもっと深く追求し、自分自身業務に邁進していきたいと考えます。

また、これからこの業界を目指される若い方々には、「人との触れ合い」を大切にしていただき、いろいろな意味で相手の気持ちになって考えてあげられる心を持っていただければと思います。それがサービスマインドの原点ではないでしょうか。日々研鑽《けんさん》を重ね自分を向上させていくことが、お客さまの笑顔につながります。サービスに答えはありませんが、非常にやりがいのある職業だと思っております。

今、ホテル業界に求められる「デザイン思考」

ソラーレ ホテルズ アンド リゾーツ株式会社
代表取締役社長　井上 理　TADASHI INOUE

1999 年米国ローン・スター・グループ ハドソン・ジャパン株式会社入社。2003 年同グループ株式会社スター・キャピタル取締役副社長および株式会社スター・プロパティーズ取締役副社長。07 年 1月ソラーレ ホテルズ アンド リゾーツ株式会社取締役副社長兼 CFO。12 年 11 月より CMO 兼任。16 年 2月5日ソラーレ ホテルズ アンド リゾーツ株式会社代表取締役社長就任。

最近は他の業界の方から「今、ホテルはいいですよね」というお言葉をいただきます。これは確かに事実です。中国からのお客さまを中心としたインバウンド需要の急激な上昇から、稼働率や平均客室単価も大きく上昇しました。政府も、観光事業は今後成長が見込まれる数少ない産業の一つであると考えています。したがってホテル業界は、これから入ろうとお考えになっている方々にとって十分に将来性豊かな場所と言っていいと思います。

ただ、このような経済的な側面だけではホテル業界としての魅力は伝えきれないと思いますので、私なりの意見をもう一点。

私はホテル運営という側面において、まだまだ大きなビジネスチャンスがあると考えています。皆さんはホテルと聞くと何となく決まったイメージが浮かぶのではないでしょうか。これはつまり、ホテル運営がある程度決まった枠組みの中にあり、変化していないということです。もっとも業界の歴史が長くなればなるほど起き得ることですので、それ自体が悪いという話ではありません。

言い換えれば、他の考えを持ち込む余地があるということなのです。私は、ここに大きな可能性があると考えています。最近はその可能性に目を向けて、新しいスタイルのホステルやまったくの異業種からの参入が多くなっていますが、業界にとっても大変よいことです。いろいろなスタイルのものが入って来れば、業界はより刺激され活性化されます。そして今まで不動産先行型の業界だったホテル業界で、より運営が注目されるようになると私は捉えています。

このような環境の変化の中、私はホテル業界に求められる人材も変化してきていると見ます。この業界はホスピタリティという側面ばかりフォーカスされますが、それだけでは環境の変化に対応できません。今後の流れではデザイン思考を持ったクリエイティブな人材が大いに必要とされるようになっていくのだと思います。これはハード面だけでなくオペレーションでも同様です。

またホテル業界は最新のテクノロジーとは無縁だと思われがちですが、今後の日本の労働環境を考えればこの分野はとても重要です。テクノロジーをきちんと理解し、利用できなければ取り残されることになるでしょう。逆にうまく取り入れることができていけば、直接的な接客をしたいと思っている人たちだけでなく、さまざまなタイプの人たちにとってもたいへん魅力的な業界へと変貌しているでしょう。

無から有を生み出すことはできなくても、既知と既知を組み合わせることによって新たな価値を生み出せる。新たな価値の創造に興味がある人たち、ぜひこの業界を覗いてみてください。きっと面白いと思える可能性に出会えると思います。

人が知恵や想いを込めて形づくるホテルに、人は魅了される

ミレニアム 三井ガーデンホテル 東京
総支配人　岩崎 綾子　AYAKO IWASAKI

Pierce College（米国）卒業。住友不動産エスフォルタ株式会社入社、ヴィラフォンテーヌフロント配属後、同グループ神保町、六本木支配人。2007 年株式会社三井不動産ホテルマネジメント入社、三井ガーデンホテルプラナ東京ベイ 宿泊部門配属、副支配人、支配人を経て 11 年 三井ガーデンホテル上野　総支配人、15 年 4 月より現職。

利益追求は企業としての使命です。当然ながら、それはホテルも同じです。社会と良好な関係を築き、存在価値のあるホテルを目指すこと。ホテルにとって利益の追求とは、言い換えれば、サービス（想い）の追求と言えるのではないでしょうか。

インバウンドの増加や観光産業の活性化、グローバリズムの中でサービス業は変革のときを迎え、さまざまなことが刷新されつつあります。早いスピードで進化するＩＴ、多様化するお客さまの趣向やマーケットの変化、それらに伴いホテルにおいてもＩＴ化やオペレーションの機械的合理化は必須です。しかし、どんな時代にあってもＩＴではなし得ない、人が知恵や想いを込めて形づくるホテルに人は魅了され、お客さまはその想いに共感してくださるのではないでしょうか。

フロントスタッフとして3年目の頃に、あるお客さまから「あなたに会えて良かった。少し前向きになれた。ありがとう」というお声を掛けてい

ただきました。1週間ほどのご滞在の間に、何度かご対応やお話をさせていただいたお客さまでした。お身内を亡くされ、ご自宅で過ごすのはつらいからと、ホテルを利用されていたことなどをお話しくださいました。特別なことをさせていただいたわけではありませんでしたが、何かを感じ、お心を開いてくださったことに感激をしたと共に自分の仕事は、お客さまと一時を共有し、思い出の断片となることのできる素晴らしい仕事なのだということ、そして無形だからこそ無限であるという大切なことに気づかせていただきました。そして、あのときのお客さまとお客さまの言葉に、今もなお背中を押していただいている気がしています。

サービスは無形であり無限です。正解はなく、受け取ってくださったお客さまが答えを持ち、正解を判断してくださいます。私（あなた）の言葉や姿勢、想いのすべてがサービスを形づくり、それが、存在価値のあるホテルの礎を創っていくのです。グローバルな今だからこそ、日本のホテルは世界に存在を示すチャンスです。可能性は限りなく広がっています。

お客さまに寄り添い、自己をも成長させてくれるホテリエの仕事に巡り合えたことに感謝し、これからも楽しみながら、素晴らしい仲間と共に情熱を傾けていきたいと思っています。

自分の未来を
自分で切り開くことが
できるのがホテル業界

ケンピンスキー・セイシェル・リゾート・ベ・ラザール
総支配人　江上 正巳　MASAMI EGAMI

1970 年生まれ。ヒルトン大阪をキャリアのスタートにヒルトンのデュッセルドルフやイスタンブール、ロンドン、ジェッダ、バンコクで勤務の後、Le Meridien Tashkent Palace Hotel、Metropolitan Palace Dubai などを経てインターコンチネンタルホテルズへ。バーレーン、横浜で副総支配人を務めた後にケンピンスキーホテルに入社。Kempinski Hotel Ishtar Dead Sea で副総支配人、Kempinski Hotel Aqaba Red Sea で総支配人を経て 2014 年 8 月より現職。

私は、1989年に高校を卒業し、一浪後に大阪ヒルトンに中途入社しました。拾って貰ったといっても過言ではありません。当時はバブル時代、時期が良かったのも要因ですが、アルバイトの面接を受け、2時間後の面接終了時には正社員登用され、バーテンダーの卵としてスタートする切符を手にしました。当時の目標は、大学へ進み、英語を身に付け、卒業後は英字新聞をわきに挟み、アタッシュケースを片手にロンドンの金融街を速足で歩いて仕事をしている自分を想像していましたが、一番初めの「大学へ進み」という部分で躓《つまず》いてしまいました。

楽天家の私はそこでこう考えることができました。「ヒルトンで努力をし続ければ、大学に進まなくても全く同じではなくとも、それに近いことはできるのではないか」。すぐに想像を具現化するため、新しい目標設定をしました。それは、「外資系ホテル、ヒルトンで総支配人になる」ことでした。過去に日本人が総支配人になったのは希だと聞き、さらに気持ちが高ぶり「これだ」と確信しました。ただ、周りの同僚先輩からはそれは絶対に無理だと言われ続けました。私が若かったのですが、周りの皆が何故無理だというのかが解らず悩んでいた頃に答えが出ないのであれば、直接総支配人に聞けば何らかの答えが見出だせるのではと考えました。勇気を振り絞り、当時のフランス人の総支配人に次のように問いかけてみました。「私はいつかヒルトンで総支配人になれますか？」と。返ってきた答えは「無理だろう」でした。又々、私は意味が解らなかったので「何故？」と聞き返すと彼は「1．ヨーロッパでの仕事経験が無いこと。2．ホテル学校または大学を出ていないこと。3．英語が話せないこと。」が理由だと言いました。私はそこでひらめきました。「ならば、ヨーロッパで仕事をし、その間に英語を身に付け、英語が身に付けばホテル学校または大学に行こう。そうすればなれるはずだ」と。それから22年、11カ国14ホテルでの勤務や夜間大学、大学院へ仕事をしながら通い、彼が言ったことをすべて成し遂げることができました。その後、41歳のときにヨルダン、アカバのKempinski Hotelで総支配人に着任し、そこで成果を出し、現在はセイシェル諸島のKempinski Hotelで総支配人を務めております。

私がしたことはしごく単純です。自分があの頃どこに居て、目標がどこにあり、そこに到達するには何を、どの位のスピードでしないといけないのかを熟考・計算し、それを諦めずにやり続けただけなのです。総支配人になった今、次の目標に向けて同じ考えで努力をし続けています。ホテル業界はこのように努力をした人には必ずチャンスを与えてくれる素晴らしい業界です。他の産業・業界での経験が無いので断言はできませんが、恐らく他の業界では難しかったのだろうと考えています。皆さんこの素晴らしいホテル業界で、自らの力で未来を切り開き、素晴らしい将来を創ってみませんか？

日本「成長エンジン」の一翼を担うホテル業界を力強く駆動させよう

株式会社ロイヤルパーク ホテルマネジメント
取締役社長　江畑 要　KANAME EBATA

1991年三菱地所株式会社入社、札幌支店、三菱地所住宅販売、三菱地所プロジェクト事業部といった住宅事業部門を経て、ホテル事業部門である、株式会社横浜ロイヤルパークホテル常務取締役に2008年就任。その後株式会社ロイヤルパークホテルズアンドリゾーツの取締役チェーンマネジメント部長として、チェーンホテルの運営強化に携わり、ロイヤルパークホテルズにおける新機軸となる「ロイヤルパークホテル ザ シリーズ」を運営するロイヤルパーク ホテルマネジメント常務取締役を歴任し、2015年6月に同社社長に就任した。お酒を飲んだりおいしい食事をとりながら、スタッフとコミュニケーションを深めるのが楽しみ。

ホテルで働くということは、お客さまに喜んでもらえるサービスを提供することであり、そのサービススタンダードや業務に関する意思決定はすべてトップダウンで決められていると思われがちですが、果たしてそうでしょうか。

2016年3月に開催された「観光ビジョン構想会議」において、観光を基幹産業に成長させるための3つの視点と10の改革が提言されました。なかでも「多様なニーズに合わせた宿泊施設の提供」「人材の育成・強化」そして「生産性向上」、これらはホテル業界の成長の核を成すと考えています。

まず「多様なニーズに合わせた宿泊施設の提供」というテーマをわれわれの業界はどのようにとらえるべきでしょうか。国内を見ると超高齢社会、海外に目を向ければ訪日観光客4千万人を目指す時代を迎えた中で、典型的な利用目的、利用方法、利用者など従来の固定概念を脱却する転機を今まさに迎えていると考えます。時代はどんどん変化していますし、お客さまの要望も多様化しています。これは、時代の感度を高く持つこと、お客さまと接するときに得る情報の変化を感じ取ることが重要になる時代が来た、ということです。当ホテルでも、市場の空気感を正しく取り込むため、多くの若いスタッフが販売戦略やサービスについての議論に参加しています。

こうした「感度」を高め「課題」を解決する能力は、第2の「人材育成・強化」の点でも大切にしなければなりません。例えばチェーンホテルならではのクロストレーニングや海外研修への派遣など、異なる環境での経験を積むことは、派遣された地域の市場や課題を知ると同時に、自らのホテルを客観的に見る機会を作り出します。新しい視点からの提言を、目に見える形で進化させていくことができることこそ、ホテルで仕事をする醍醐味ではないでしょうか。

一方で従来の業務や働き方にとらわれない改善を続けていくことは、業界共通の課題である「生産性向上」に対する第一の回答であると考えます。当社ではそれだけでなく、すべてのスタッフと経営方針及び経営指標の数値を共有して、企業としてのホテルの在り方を常に意識する環境を整えています。自らのサービスが生み出す価値をスタッフ一人ひとりが知ることは、企業人としてのモチベーション向上や成長のきっかけになると共に、ホテルの「生産性向上」へつながるものと確信しています。

われわれの業界が基幹産業となるためには、日本の人口減少、介護や保育の問題、LGBTQの理解や、ワークライフバランスの達成などの重要なテーマとも向き合って、より幅広い経済活動に対応できる業界になっていく必要があります。やらねばならないことは多々ある、やりがいのある職場です。真の意味で日本を支える産業となるべく、皆さんと共に働けることを願っています。

ホスピタリティ業界は、人と人とのつながりである。

アコーホテルズ（エイ・エイ・ピー・シー・ジャパン株式会社）
代表取締役　エリック・ディグネジオ　ERIC D'IGNAZIO

米国ノースカロライナ州生まれ。ミシガン州立大学の経営学部および外国語学部にて学士課程でのダブルディグリーを取得。在学中、国際交流研修生として来日し、日本語および日本の経営学について学ぶ。大学卒業後、再来日を決意。2005 年に Plan・Do・See 入社、海外事業部マネージャーとして勤務。翌年、Plan・Do・See 初の海外出店となるニューヨーク１号店を開業させる。その後、08 年にセールス＆マーケティングエリアディレクターとしてインターコンチネンタル・ホテル・グループ（IHG）に勤務。セールス、マーケティングに加え、MICE ビジネスに携わる。10 年より、アコーホテルズに入社。営業本部長を経て、13 年３月より現職。

　子供の頃、両親が大勢のお客さまをお迎えし、たくさんの料理でできる限りのおもてなしをしていたという記憶が今でもはっきり心に残っています。私の家族にとって、大切なお客さまや親戚、友人が集まるときは、最大限のおもてなしの心をもってお迎えし、美味しい料理を一緒に食べ、時間を楽しむということが家族内の大切な決まりごとでした。私の祖父がイタリアからの移民として20世紀の初めに米国に渡ってきて以来、彼が食べていた美味しいイタリア家庭料理を、米国でも多くの人に味わってもらいたいという気持ちから、レストランを開業しました。その祖父のレストランにはいつも多くの人々が集まり、たくさんの笑顔が溢《あふ》れていました。

　私は大学で経営学を学び、卒業を迎える頃、将来どんな仕事に携わりたいか考え始めました。そんなとき、ふと、子供の頃に見てきた家族の姿や祖父のレストランを思い出し、いつか自分も子供の頃に見てきた家族や祖父のように多くの人々と関わり、人をハッピーにさせるそんな仕事に就きたいと思いました。それがきっかけでホスピタリティ業界に入ることを決断しました。実際、ホテルを内側から見てみると、多くのスペシャリストによって支えられています。そのスペシャリストたちが、お客さまに最高の滞在をお届けするためには、どうしたらよいのかを常に考え、その結果、形となったおもてなしがお客さまの満足度につながると私は考えます。また、このお客さま目線に立ったサービスを追求していくことにはゴールはなく、考え続けていくことが大切で、それが結果として自身の成長につながり、そしてホテル全体の成長にもつながっていくのだと思います。

私がこのホスピタリティ業界に入って一番最初に担当したのは、料飲部の洗い場でした。そこから料飲部に関わるあらゆる仕事を経験し、セールス&マーケティング部での経験を経て管理部門へと移りました。さまざまなエリアでキャリアを積み上げたいという強い思いが、現在の自分につながったのだと思っています。一つのホテルという場所で、幅広いキャリアを積むことができるということがホテルで働く面白さであり、またさまざまなエリアでの経験が自分を高めることにつながるということが大きな魅力の一つだと思います。

また、毎日ホテルには、年齢や国籍などを超えた多くのお客さまが訪れます。その一人ひとりが、違った目的を持って、さまざまな思いを抱えてホテルにお越しになります。私たちにとって最も重要なことは、通常業務の中でいかにお客さま一人ひとりに対応し、心のこもったおもてなしができるのかということだと思います。その結果として、お客さまがご満足いただいたときに見せてくださるその笑顔や、ありがとうの一言が、ホテリエとしてどれほど嬉しいか、そして心に響くのか、ホテリエだからこそ味わえるとっておきのご褒美《ほうび》だと思います。人と人とのつながりが形になって見える、それがホスピタリティ業界で働く醍醐味であると思います。

人を幸せにして、自分の心を磨く

日本ビューホテル株式会社
代表取締役社長　遠藤 由明　YOSHIAKI ENDO

1959年生まれ。福島県出身。82年日本ビューホテル株式会社入社。以後、2003年本社営業部長、05年伊良湖ビューホテル執行役員総支配人など歴任、ホテルのセールスやサービスの最前線でお客さまと接してきた。10年総務担当取締役となり、上場プロジェクトの指揮を執る。16年7月代表取締役社長就任。

皆さんは、「自分は何のために生きるのか、何のために働くのか」ということを考えたことがあるのではないかと思います。

その答えは、生きてきた価値観、教訓、時代背景などで個々に違いはあるものの、究極的に言えば、この世に生を受けてからこの世を去るまで、人間として「自分の心を磨き続ける」ことではないでしょうか。人間の心は、人との関わりによって磨かれるものです。「人を幸せにしたい」、「困っている人を救いたい」といった気持ちは、自分の心を磨きたいという意志の表れの最たるもので、生きている証しでもあり、「何のために働くのか」という問いに対する答えなのです。そして、人に喜ばれ、感謝されたときに、私たちは生きていること、働くことへの喜びを感じるのです。

私たちビューホテルズは、「ホテルは人。」という言葉を大切に、「ビューホテルらしさ」を次のように考えています。

「私たちは、地域に関わる人々とのつながりを大切にしながら、料理へのこだわりと、親しみのあるあたたかいサービスによって、心地良いホテルライフを提供し、社会に必要とされるホテルグループを目指します。」というミッションを掲げ、それを行動スタイルとして表現し、お客さまをはじめ、関わる皆さまを幸せにしたいという考えで取り組んでいます。そして、私たちはこの行動を通じて「働く私たち自身も、物心共に幸せになりましょう。」と考えています。

ホテル業は一般的に、お客さまをはじめ、お取引いただく皆さまと、信用・信頼を大切にし、長い時間軸でお付き合いすることに特徴がありす。また、ホテル業はお客さまに直接対応する接客部門や営業部門だけでなく、仲間を後方支援する部署もあり、人の向き不向きや適材適所で必ず貢献できる部署があるのも特徴の一つです。一人ひとりの努力、頑張りによって、必ず人を幸せにでき、自分を高め、心を磨くことができる仕事なのです。

その一方、ホテル業界には、働く人への見返り（リターン）でスピード感に欠ける部分がありました。日本の人口の減少による消費の低迷が課題になる中で、十年前に観光立国推進基本法が成立し、ホテル業界には今後の日本を牽引する産業として大きな期待がかけられており、働く人のモチベーションアップや待遇改善への取り組みも多くのホテルで始まっています。

仕事を通じて人間本来の生きる意義である「人を幸せにして、自分の心を磨く」を実践し、自分の成長に喜びを得ることができるホテルにぜひ飛び込んできてください。

ホテルは素晴らしい!!

株式会社学士会館精養軒
取締役総料理長　大坂 勝　MASARU OSAKA

1980年聖徳調理師専門学校卒業後、ホテル日航成田に入社。87年フランスのHotel Nikko de Parisに出向。その後ロイヤルオークホテルを経てホテル日航東京開業準備室へ。宴会コールドシェフ、レストラン調理グループ副料理長、洋食料理長を歴任。2005年ホテル日航新潟に出向し料理長に就任。07年株式会社学士会館精養軒に入社し料理長に就任。09年総料理長を経て13年取締役総料理長に就任。現在に至る。

私は今とても幸せです。それは大好きな仕事とめぐり合い、50歳を過ぎたこの年になっても充実した日々を、仕事とプライベート両方で楽しく送れるからです。ただしそれは、決して仕事が楽で問題もなく順調ということではありません。やるべきことは多いし、問題も次々に起こります。けれども、大好きな仕事だからこそ苦しくても楽しみながらやっているのです。

今思えば、入るつもりもなく何となく決めた仕事が、このホテル業界でした。大した志もなく選んだ仕事でしたが、料理を通してお客さまと接し、喜びや笑顔や感謝をいっぱいいただくことにより、この仕事をとても誇りに思い、素晴らしい仕事だと感じるようになりました。喜んでいただけたときのその感動は私たちの大切な宝物です。お客さまやそのご家族、そしてスタッフを含め、みんなが幸せな気持ちになれる瞬間です。

私がホテル業界に入ってから、時代も大きく変わってきていますが、昔と今で決して変わらないことがあります。それは「ホテルは人である」ということです。どんなにお金をかけ内装や調度品をそろえても、ホスピタリティのないスタッフばかりでは良いホテルにはなりません。この職業は人間力が大切なのです。仕事のスキルや人間力を磨くことで、お客さまに笑顔や幸せ、そして素敵な思い出、あるいは感激や驚きを与えることができるようになります。そういう人がホテリエであり、そういうスタッフが多ければ多いほど良いホテルになるのです。人々により多くの夢と幸せ、安らぎと安全を与え、たくさんの感謝と喜びをいただける職業、それがホテルだと私は思っています。

素晴らしい仕事だと思いませんか？　お客さまや多くの人に幸せを与え、多くの人の夢を育てる。そして、ホテルに来られる多くの人が経験する感動や思い出の演出者と共有者になれるのです。例えば、それは小さなお子さまの「かわいい夢」や「かわいい願い」かもしれません。あるいは、ご結婚をするお二人の「門出」かもしれません。またあるときは、家族の「記念日」かもしれません。

ホテルはいろいろな仕事がありますから、多くの経験ができますし、自分に合った仕事があります。その仕事を通して自分自身に投資し、自分を磨きましょう。そして人間力溢れるカッコいいホテリエになり、素晴らしいキャリアと素晴らしい人生を築きませんか！

ホテルって素晴らしいところです。私は今のこの仕事に就けたことを、誰よりも幸せと感じています。そしてこの幸福を私にくださった今までお会いしたお客さまやこの業界の先輩、同僚、後輩、このホテル業界を築かれた先人の皆さまに深く感謝しています。

これを読まれた皆さんが、このホテル業界に入られたなら、皆さんもきっとそう思う日が来ることを願い、強く望んでいます。

ホテルは人との出会いと運営・経営の融合

セレクトホテルズグループ（株式会社エフ・イー・ティーシステム）
副代表　取締役副社長 兼 COO　沖 浩幸　HIROYUKI OKI

熊谷組の海外事業部で複数のホテルのＰＭ業務や運営管理を行った後、2000 年ジョーンズラングラサールの PM・開発部門、02 年ハドソンジャパンエルエルシー、03 年ユニゾンホテルズアンドリゾーツ株式会社（現ソラーレホテルズアンドリゾーツ株式会社）取締役副社長を経て 16 年 4 月より現職。

ホテルは「国内外の人との出会い」と「経営」が融合される、魅力的な職場です。

現在ホテル業界では、マネジメントができる中間層が恒常的に不足しています。論理的・戦略的な思考を手に入れれば、すぐにでもリーダーになることができる業界だと思います。小規模でもホテルを一つ任されれば、一つの会社を経営するも同然です。

私の場合、社会人3年目で初めて、ホテルに関する仕事に携わりました。東京本社海外事業部で、オーストラリアのホテル開発を対象とする「フィージビリティスタディ」を行なったのです。

ホテルを志望する方の多くは、人と出会うことが好き、接客サービスが好きでこの世界に入ることと思います。一方、私は「数字」の面から、ホテル業に関わることになったと言えるでしょう。

その後オーストラリアに駐在し、「日航シドニー」「ハイアットリージェンシークーラム」「パークハイアットキャンベラ」等の建設プロジェクトマネージャーになりました。ホテル建設の現場では、モックアップルームの確認、オペレーターと各種調整、ブランドスタンダードの確認などが必要でした。

　続いてオーストラリアでホテルの運営も行なうことになり、そこで欧米系のホテルマネジメント・トレーニングを受けました。ブランドホテルのすべてのセクションで、マネジメント・トレーニーとして一連の仕事を体験したのです。

　これらの経験が、帰国後も15年以上続く、今に至るホテル運営の仕事に大いに役立っています。

　日本のホテルでのトレーニングは、今でもOJTが主流ですが、欧米系オペレーターのトレーニングは合理的で戦略的・論理的なものです。OJTも大切ですが、ホテルのリーダーになるためには、論理的な思考力が欠かせません。

　近年は国内でもホテル運営が論理的になっています。運営・経営の指数KPIが確立しつつありますし、ほかにも有益なシステムや指標が導入されています。ユニフォーム会計・レベニューマネジメント・ADR・RevPAR・RGI・労働生産性・光熱費管理HDD・CDD・マーケティング（特にWEBマーケティング）・建物管理・ビジネスプランなどなど。

　ホテルのトップでなくても、ビジネスプラン策定のメンバーになれば、ミッションの戦略を立案することになります。自分の戦略が成果を出す達成感を、若いうちから得られることでしょう。

　もちろん人との出会いもたくさんあり、財産になりますが、「数字」にも関心を持ち、人と数字を融合できるホテルの世界を味わってほしいと願います。

これまでのホテル
これからのホテル

センチュリーロイヤルホテル（札幌国際観光株式会社）
代表取締役・総支配人　桶川 昌幸　MASAYUKI OKEGAWA

1958年生まれ、札幌出身。コンピュータシステム会社を経て、2010年札幌国際観光株式会社代表取締役社長に就任。15年利尻島や釧路のホテル営業権を取得するなど、積極的な投資と経営手腕で業界内外から注目されている。札幌市内ホテル連絡協議会代表幹事、北海道観光振興機構理事なども務め、業界の発展にも尽力している。

政府が新たな観光ビジョンを発表しました。訪日外国人を2020年までに4000万人、2030年までに6000万人と。グローバル化の波の中で、世界中のゲストを相手にし、グローバルさを感じることができる職場の一つとしてホテルへの期待も増しています。

ホテル業界が優秀な人材を確保するためには、教育や資格制度、人材の多様性と流動性の向上など、課題が山積みです。当社でも育児手当、給与のベースアップや資格手当の導入など、待遇の見直しを進めているところです。

ところで、どんな職業にも言えることですが、夢や希望、働きがいがないと人材は集まりませんし、入社後も長続きしません。今から20～30年前は、ホテルマンを主役にしたドラマが人気であったり、多くの有名人がホテルに訪れ、それがテレビで放送されたりしたこともあり、ホテル業界で働きたいと考えた人も多かった時代がありました。一般的にホテルを象徴する仕事と言えば、べルボーイ、レストランサービス、キッチンなどでしょう。しかしホテルも一つの企業体。営業もあれば、事務、企画もあります。ホテル業界に興味を持ち、入社するきっかけとして、コンシェルジュになりたい、ソムリエになりたいなど、直接お客さまと関わる接客・接遇がホテルのイメージになる方も多いことと思いますが、そのことも知っておいていただきたいと思います。

夢と希望を胸に入社した新入社員の皆さんは研修を受け、やがて現場に配属となります。最初は、「雑用」と思われる仕事を担当することもあるかもしれません。しかし、すべての仕事が大切であり、雑用などという仕事はありません。これは教育・指導する上司や先輩にも責任があると思うのですが、初めて配属された部署での最初の仕事の意味・目的をしっかりと理解し、日々取り組んでいただきたいと思います。その中で、きっとあなた自身がホテルの全体像を把握し、やりたい職種、やりがいが見えてくるはずです。

これからのホテルはハコモノに集客する装置産業的発想では淘汰されていく時代です。私が思うこれからのホテルビジネスは、コミュニティを育む場としてホテルが機能しなければならないと考えています。現在も国内外からさまざまなお客さまがホテルを訪れています。訪れた地域の最初の印象はホテルによって決まるとも言えます。その意味で、ホテルは地域（国）の代表でもあり、外交官でもあると言えるでしょう。訪れるお客さまを大切にし、お客さまとつながっていくことによって、コミュニティを作り上げていく。ホテルは単なる接客業ではありません。社会性を帯びた、夢のある事業なのです。

魅力あるホテルの仕事があなたをイノベーションの世界へと導く！

グランドパーク小樽
取締役総支配人　小澤 扁理　HENRI OZAWA

1980年カリフォルニア・ポリテクニカル州立大学　ホテル・レストラン経営学部卒。米国内の複数のウェスティンホテルでキャリアを積んだ後に信和ゴルフハワイ 営業部長、副総支配人、ベイクラブ・ホテル & オーナーズ リゾート 総支配人、ウェスティン・リゾートホテル・ターシー 営業部長、アウトリガー・ホテルズ & リゾーツリージョナル営業部長、サンワン・ホテル 上海 総支配人、ウェスティンホテル大阪 副総支配人を経て2012年グランドパーク小樽総支配人に就任、現在に至る。

各ホテルブランドが活発な動きを見せる今、フロンティア精神に基づいた原動力を持つ人にとって、ホテル業界は年齢を問わずキャリアを開拓できるチャンスに満ちています。そして、各ホテルにとっても、多様な人材によるソフトパワーを活かし、新たなイノベーションを展開できるチャンスが訪れています。

さまざまな人材がハーモニーを奏でるチームは、どのような経済状況下でも成長を続け、その評価をグローバルに響き渡らせることができます。今は、次世代に向けた新しいコンセプトが不可欠で、古い一般論や先入観にとらわれない豊かなホスピタリティを持つ人材が求められています。ホテル業界は、サービス職から事務職まで、実に多様な仕事を備えていますので、まずは、興味が持てるホテルで働いてみて、基礎力と自信を身に付け、自分なりのキャリアを探求してみてはどうでしょう。

一方で、ホテルの数が増えつつある今、経験豊富なホテリエにとっても魅力的なチャンスがたくさんあります。興味深い仕事との出会い、やりがいのある役職への挑戦、専門性の追求、人脈作りなど、広い視野と向上心を持てば、ホスピタリティのプロとしてのキャリアをさらに発展させ、新しい世界へと踏み出すことができる時代です。

また、各ホテル内でも、個々の興味に応じて職場間を積極的に異動させ、早くから将来を担う人材を育てていく動きが加速しています。長年に渡る豊かな経験には何物にも替え難い価値がありますが、未経験者であっても、自ら学び、自ら考え、サービスを改革するインスピレーションや実践力を備えた人材であれば、ホテルの資産として大切に育てていくべきです。多彩な人材が持つさまざまな経験や固定観念にとらわれない発想は、チーム力を向上させ、次世代に向けたイノベーションへとつながっていきます。それは、ホテルの強みや独自性へと発展し、ホテルをオンリーワンの地位に押し上げ、結果としてホテリエ一人ひとりのキャリアをも、より一層充実させていくのです。ホテルで働くことで、なんとエキサイティングな進化と経験が得られるのでしょう！

イノベーションの継続による利益の確保はホテルの重要な使命です。それは、ホテルオーナーや経営者、そして属する地域に対して、プロのホテリエが果たすべき責任でもあります。これからの時代に活躍するホテリエ像は、常に効率を上げる工夫をし、チームの良き一員として健全なスケジュール内で利益につながる仕事に真面目に取り組み、自分が誇れるサービスを提供する人です。それと同時に、ワークライフバランスを重視しつつ、自分を磨く努力を怠らず、仲間と共に切磋琢磨しながら人生を楽しく開拓していくことができれば、ホスピタリティのプロとしての仕事がさらに大きな感動へと導いてくれることでしょう。

出会いに恵まれたホテルという職場

ＡＮＡクラウンプラザホテル千歳
総支配人　落合 和昭　KAZUAKI OCHIAI

1985 年旧全日空エンタプライズ株式会社へ入社。以降全日空ホテルズおよびＩＨＧ・ＡＮＡ・ホテルズグループジャパンにて勤務。ホテルでは調達、マーケティング、人材開発など、ＡＮＡホテルズ本部では、国内外のホテル開発や運営、経営企画などを担当した。ＡＮＡクラウンプラザホテル大阪の副総支配人を経験後、岡山全日空ホテル（現ＡＮＡクラウンプラザホテル岡山）、ＡＮＡクラウンプラザホテル福岡の総支配人を務め、2016 年 8 月より現職。

四季に恵まれ治安も良く、経済大国でもある日本では、職業の選択肢もまた多岐に渡っています。

　自分の将来を託す仕事を選ぶ基準は人さまざまですが、私は、当初から素晴らしい出会いを得られる仕事に就きたいと願っていました。この場合、出会うべきものは人に限りません。文化であったり、情報であったり、場合によっては、料理や旨い酒であったり、とにかく出会いは人生を豊かにしてくれると信じていたようです。

　十年ほど前から、仕事で面接に立ち会う機会が増えてきましたが、ホテルを受験される学生の皆さんが必ずといっていいほど志望動機に含む言葉が、「私は人と接することが好きなので」です。確かにその観点は、ホテルを職業として選ぶ以上必須ではありますが、この言葉から結びつく仕事は実際果てしなく存在します。すべての業種における営業職は「人と接することが好き」でなくては務まりません。また運輸でも金融でも流通でも、多くの業種業界が該当しますし、極端に言えば社会生活を円滑に営む上で、必要不可欠な能力といっても過言ではないと思います。

ここで私が皆さんに伝えたいのは、ホテルとは、単に人と接するだけでなく、そこには代えがたい大切な出会いに満ちた職業であるということです。新鮮な驚きや感動と共に、感性や見識、価値観や人間性までも、努力次第で豊かにできる出会いを求めるのなら、ホテルは他の追随を許さない、最高の舞台であると信じています。

もちろん、これらの出会いを自身の糧《かて》となせるか否かは本人次第であり、また一朝一夕になるものでもありません。私もまた当然研鑽の最中であり、時としてまったく前に進まぬことも多々あります。実際私が入社した日系航空会社傘下のホテル会社はその約二十年後に、突然外資系のインターコンチネンタル ホテルズ グループと経営統合しました。しばらくは新しい体制や方針を理解することに苦労しましたが、これも大切な出会いであり、私はこの「日系航空会社系ホテル」と「大手外資系ホテル」との出会いから、本当に多くのことを学ぶことができたと今では感謝しています。

世界各地の人々を出迎え、さまざまな国の料理と飲み物を提供し、数々の歴史の舞台となり、たくさんの祝福や旅立ちを見守ってきたホテル。

この仕事の醍醐味である「出会い」を支えるプロフェッショナルになることが私の目標であり、そんな想いを、一緒に実感して欲しいと願うばかりであります。

ホテルを訪れるお客さまに、険しい表情をされている方はいない。

ＥＭウェルネスリゾート コスタビスタ沖縄 ホテル＆スパ
執行役員兼総支配人　小原 俊之　TOSHIYUKI OBARA

サンマリーナホテルの営業部統括部門要職などを経て、2008年EMウェルネスセンター＆ホテルコスタビスタ沖縄（現EMウェルネスリゾートコスタビスタ沖縄ホテル＆スパ）入社。執行役員兼副総支配人などを経て、13年より現職。

冒頭からではありますが、『僕は、ホテリエでよかった！』とつくづく思います。なぜその心境に力強くたどり着いたか⁉ を自分なりの表現で述べていきます。

あらためて考えますと、ホテルを訪れるお客さまの中に、眉間にしわを寄せ、険しい表情でお越しになられる方はいらっしゃいません。ホテルを訪れる目的として、日々の義務、日々のルーティン、仕事でお越しになられる方もいらっしゃいません。裁かれるためにお越しになる方？ いらっしゃるわけがございません。つまり、ホテルを訪れるすべてのお客さまの心境として、苦痛、曇り、戸惑いなどはない……結論として、心沈んだ状態でホテルを訪れるお客さまはいらっしゃらない！ と思っております。

では、ホテルという空間は、どんなところであるのだろうか？ 思うところとしては〝みんなが心地よく集う場所〟として、一番似合うのがホテルではないか！ であります。リラックスな空間、幸せ原点な空間、出会い、思い出、変化、記憶の創造空間、それがホテルという空間であると考えております。これは旅行、披露宴、記念日、誕生会、同窓会等々すべてに当てはまります。

このようにホテルは、訪れたお客さまとわれわれホテリエが心地よさ、幸せを共感できる最高の場所であり、「お越しいただいたお客さまとリラックス、楽しさを一緒に味わいましょう！」という共演の場であります。

また、考え方の一つですが「お客さまにとって大切な貴重な時間に粗相を起こしてはいけない！」ではなく、「お客さまにとって大切な貴重な時間を共感して過ごそう！」という接客姿勢がお客さまに伝心できることにより、結果的に粗相を防げるはず、というのもあります。

自分としては、こういった捉え方をしてきたことで、『僕は、ホテリエでよかった！』の心境に至ったと思っております。そしてホテルのあるべき姿とは、述べさせていただいたすべてをベースに、ホテルの独自性、コンセプトをそれにコラボさせる。また、そのコラボを全スタッフが自信と誇りを持って、共感、共有、提供することが素敵なホテルである！　と確信いたしております。

最後になりますが、われわれのホテルのコンセプトは、衣（リネン類）食（レストラン食材）住（清掃）すべてにおいてノンケミカル（化学物質なし）、オーガニック（有機栽培）の徹底提供であります。自社農園『サンシャインファーム』を所有しているホテルです。ご興味のある方、ぜひお越しください！

たかがMOTEL、されどMOTEL

株式会社　旅籠屋（ファミリーロッジ旅籠屋）
代表取締役 甲斐 真　MAKOTO KAI

1952年3月福岡県生まれ。大学卒業後、住宅メーカー、TRONプロジェクト事務局、環境関連コンサルタント事務所勤務を経て、94年に株式会社旅籠屋を設立。代表取締役として現在に至る。
仕事のストレスは、愛犬（ゴールデンリトリバー2匹）と愛車（KAWASAKIのバイク2台）で解消。心身の健康維持のため、この10年間ジョギングを継続中。

友人とアメリカのＭＯＴＥＬを泊まり歩きながら「気楽に利用できるこんな宿が日本中にあったらなぁ」と夢見たことが出発点でした。思い切ってサラリーマンを辞めて会社を興し、１９９５年、人縁も地縁もない鬼怒川温泉近くに移り住み、「ファミリーロッジ旅籠屋」１号店をオープンさせました。あれから20数年、無我夢中の毎日でしたが、高速道路内を含め約60店舗、宿泊者延べ３００万人、全国に広がってきました。ラブホテル？　という誤解や規制など、予想しなかった壁に孤軍奮闘してきましたが、お客さまからの「こんな宿を待ってたよ」という声に背中を押されてきました。宿泊施設というと華やかな雰囲気やアレコレの「おもてなし」が連想されがちですが、当社のモットーは「サービスしないことがサービス」。快適に泊まれることだけに特化したシンプルでベーシックな業態を守り続けています。付加的な施設やサービスはないけれど、経済的な料金で誰もが気軽に泊まることができる。誰もが気兼ねなく、好きなときに好きな所に行ける自由を守り、地域を支える基盤施設。これこそが世界中に無数に存在するMOTELの本質なのです。

各駅をつなぐ鈍行列車がなければ豪華な特急列車は成り立ちません。格別のホスピタリティや非日常的な空間や時間を提供する宿も大切ですが、津々浦々にあって安心安全な場を提供していることが人々の移動や暮らしを支えているという根源的な価値を見失ってはなりません。残念ながら、日本にはラブホテル抑制のための過剰な規制があり、これが郊外立地の素泊まりの宿の発展を阻害し、車社会のインフラ施設の欠落を招いてきました。これを変えていきたいというのが当社の創業の目的であり、社会的使命です。そのためには、こうした理念やポリシーを共有する同志が必要です。着実に店舗が増え、事業も拡大していますが、本社スタッフは20名足らず。少人数のため、入社すればどなたでも幹部候補生なのです。各店舗の支配人も常に募集中です。「ファミリーロッジ旅籠屋」はすべて直営店であり、当社の正社員2名が支配人として店舗に住み込み、マイペースで運営業務のすべてを行なっています。心身共に健康で、誠実で責任感のある、お互い助け合って人生を共にするカップルということだけが条件ですから、学歴や職歴、戸籍上の夫婦であるかどうかも問いません。また、支配人の休暇中に勤務する代行支配人専門の方もあわせて募集しています。こちらは特定の店舗に住み込むのではありませんから、月に数日程度、自宅の近くの店舗限定など、ご都合にあわせての勤務も可能です。定年退職後の時間を生かして全国を旅したいご夫婦にたいへん好評です。詳しくはホームページをご覧いただき、お気軽にお問い合わせください。宿泊業特にMOTELの基本は、単調で地味な裏方仕事です。でも、人間が人間らしく生きていくために無くてはならない価値ある仕事です。「シンプルで自由な、旅と暮らしをサポートする」旅行者と周辺地域を支える仲間に加わりませんか。

世界に羽ばたけ、日本のホテリエ

Rホテルズ インターナショナル株式会社 取締役
尼崎セントラルホテル 総支配人
片野 真治　SHINJI KATANO

1967 年生まれ。90 年ラフォーレ東京入社。ベルキャプテン業務を経験の後 94 年チサンホテル東京に入社。その後株式会社ホリデイイン東京、ホテル西洋銀座、タラサ志摩ホテル＆リゾート、パンパシフィックホテル横浜、U&R ホテルマネジメント等を経て 2007 年 7 月アズベールホテル＆スパ ATAMI に総支配人として入社。その後オズベルトインターナショナルを経て 11 年 4 月ワールドアプレイザルジャパン入社。12 年 11 月より現職。

21世紀に入り、世界は急激に国境という概念が無くなってきています。世界中のいろいろな業界の企業が国境を越え、活動しています。

この日本においても長らく「島国」という特殊な環境の中で守られてきましたが、とうとうその環境が変化してきています。

従来、日本企業は、日本語を話す日本人で多く形成されてきました。しかし今、いろいろな企業で〝同僚は外国人〟ということが普通になってきています。おそらく10年後にはあらゆる企業で、いろいろな場面において、外国人のスタッフと共に働くことが普通になってくるでしょう。それと共に、海外で働く日本人も今より飛躍的に多くなり、従来の日本の常識は非常識、非常識が常識になるような場面も多くなるでしょう。

このホテル業界は日本の中ではいち早く外資系

企業が参入してきた業界です。参入当時はその外資系ホテルのオペレーションと、従来の日本のホテルオペレーションとの違いに驚きの声があったと先輩たちに聞きました。

しかし、今やそのオペレーションがスタンダードになり、日本中の多くのホテルで採用されています。言い換えると、今や世界中の多くのホテルと同じスキルを日本の中で身につけることができる、数少ない業界の一つに成長しました。

われわれの世代でも世界に羽ばたき、活躍している人材が数多くいます。しかし、まだまだ世界の中では日本のホテリエは稀《まれ》な存在です。

私自身も海外企業で勤務した経験があります。私のチームは香港人のボスの下に、オーストラリア人、シンガポール人、タイ人、そして日本人の私でした。その中で感じたことは、今まで日本で学んだことは、間違ってはおらず正しかったということ。そして日本人のホテリエとしての才能の高さです。

皆さん、海外に出ることは怖いことではないです。素敵なことです。ぜひ、皆さんの力で世界中のホテル業界を変えてください。

「世界一楽しい仕事をしよう」

カトープレジャーグループ
代表取締役兼 CEO　加藤 友康　TOMOYASU KATO

ホテル、フードサービス、スパ、ラグジュアリーリゾート、公共リゾート、エンターテインメントなどあらゆるレジャー事業の総合的な開発を行なうプロデュース企業の代表取締役兼ＣＥＯを務める。全国に事業所を展開し、年商211億円、従業員数約3000名、年間500万人に及ぶ顧客を動員している。事業の多くはクライアントからのオファーによるもので、マーケティング、コンセプトワーク、プランニング、オペレーションまでを総合的に行なう「トータルプロデュースシステム」によって成り立っている。代表的な事業として「熱海 ふふ」、「HEINZ BECK」、「麺匠の心つくし つるとんたん」などがある。2016年4月には、分譲型のコンドホテルスタイル「Kafuu Resort Fuchaku CONDO・HOTEL」にANNEX棟を開業。販売計画を1年以上も上回る早さで完売した。主な著書に、『経営者が欲しい、本当の人材』『世界一楽しい仕事をしよう！ KPG METHOD』（ワニブックス）がある。

私たちカトープレジャーグループは、創立以来50年以上にわたり、施設にお越しいただくお客さま、私たちに事業をご依頼くださるクライアントさまのお陰で、ここまで歩みを進めてくることができました。そして私自身も、寝食を共にし、日々職務を全うしてくださるスタッフの方々に支えられ世界一幸せな毎日を過ごすことができています。

今、少子高齢化によりこれまでのレジャー業の考え方を大きく転換しなければならない時期にきています。一方で、政府が当初掲げたインバウンド数を大幅に超え、「観光」が日本にとってこれまで以上に大きな柱として大切な役割を果たしていきます。

日本には地域ごとの歴史や文化、美しい四季があり、その季節に応じた繊細な料理、世界一のクリンリネスや治安の良さ、改善の心や倫理観など、幅広い分野において世界に誇れるものをたくさん持っており、さまざまな場面で日本人としてのプライドを感じることができます。観光が充実することで、日本のライフスタイルを海外に向けて提案できるだけでなく、日本人のホスピタリティマインドのレベルの高さを実感していただける大きなチャンスです。

私たちはレジャー事業を通して、その魅力を発信する大切な一端を担っています。日本人は、自分をアピールするのが苦手な方が多いですが、日本という国の素晴らしさを改めて自覚し、自信を持って仕事のやりがいにつなげてほしいと思います。国内外問わずお客さまにお喜びいただくことを目的とし、またお喜びいただけたときには何ごとにも替え難い喜びを感じることができる、まさに「お客さまの喜びを我が喜びとする」素晴らしい仕事に出会うことができます。

しかし、これらの経験は一人では決して味わうことはできません。お客さまに喜んでいただき、スタッフ全員が楽しんで仕事をするためには、一人ひとりの力によるチームワークの良さを欠かすことができません。自分の成長はもちろんのこと、仲間やチームの成長を願う前向きな心を持ち合わせた人は、チーム全体にとても大きな影響を与える存在になり、良いチームづくりには欠かせない要素です。

〝心のトーン（価値観）〟を共有しチームパワーを発揮することで最良のサービスを提供し、感動を創出することができるレジャー事業は、「世界一楽しい仕事」だと考えています。

ホテル・旅館は地域のプラットフォーム

函館 湯の川温泉　湯の浜ホテル
総支配人　金道 泰幸　TAIKO KANAMICHI

1981 年生まれ。北海道函館市出身。武蔵野美術大学基礎デザイン学部卒業。2005 年 大日本印刷株式会社入社、グラフィックデザインの仕事に従事した後 11 年 湯の浜ホテル入社。現在に至る。

日本の日本らしさには地域の地域らしさが欠かせない。観光産業におけるホテル・旅館の仕事とは地域らしさを伝える仕事。これからの日本らしさを作っていく重要な仕事であると思っている。地域の魅力ある自然や歴史文化に注目し、サービスという洗練されたかたちでお客さまへ土地の良さを発信する。そうして地域と共に発展していければ嬉しい。

四季折々の海や山の表情、自然の中で体験できるアクティビティの紹介。史跡や伝統的建築物などの案内。気候や歴史に育まれ形成されてきた土地の言葉や文化を取り入れた接客。郷土工芸品の器に美しく盛り付けた郷土料理。土地の風土に適した快適で過ごしやすい施設等々。お客さまにはそのときにその場所でしかできない経験に満足していただきたい。

しかし、ホテル・旅館で仕事をしながら前述のような理想を叶えるには大変な努力を要する。いくらやりたくても一朝一夕にできることではない。現在私の働く湯の浜ホテルでも、理想まで遥か遠い状態にあるからこそ、生涯かけて取り組めるやり甲斐のある仕事だと考えている。

年々古くなる建物をいかに維持管理するのか。ますます多様化するお客さまのニーズにいかに対応するのか。地元産品をいかに使用し料理を作るのか。人口減少が進む中、次代の働き手をいかに確保し教育するのか。課題は実に山積である。それぞれの地域や施設がおかれている環境の限られた条件下で解決策が求められている。外国人旅行客の増加による追い風を受けている今、日本の観光分野は課題解決へ向け行動を起こし、より明るい未来を築くチャンスを迎えている。しかし、観光業界の各事業者が何も行動を起こさず変わらないのでは、リピーターがつかず将来的に観光客は減ってしまうだろう。

既知の知識や技術だけで対応が難しい問題には、新たなチャレンジを繰り返しながら、ホテル・旅館の未来を作っていかなければならない。

そこに若い働き手が主体的に関わることで、より早く、より多くの成果が出ることを期待している。大変だけどやりがいのあるこの仕事を通し、お客さまに満足し笑顔になっていただくのはもちろんのこと、少しでも地域と日本の未来を作る役に立ちたい。その過程で人生の充実を感じながら仲間達と共に働けることを願っている。

What a wonderful Hotelier life!

ストリングスホテル東京インターコンチネンタル
総支配人　金子 宏之　HIROYUKI KANEKO

YMCA 国際ホテル専門学校卒。京都ロイヤルホテル、大阪ヒルトン、ホテル日航大阪において料飲部門を中心に実績を重ねる。1991 年から 2008 年まで、ヨコハマ グランド インターコンチネンタル ホテルにおいて、料飲部門を中心に、レストランズマネジャー、料飲部次長、料飲部長を経て 2000 年より副総支配人兼料飲部長を務める。08 年から 11 年まで ANA インターコンチネンタル石垣リゾートの副総支配人、ホテル支配人を経て、総支配人を務める。同ホテルでは 09 年 4 月のインターコンチネンタルとの共同ブランド化および大規模な施設改修の他、石垣島の食材や文化に注目し、料飲部門や宿泊をはじめとした新たな商品開発、ハイシーズン期のイベント開発などに力を入れ、同ホテルおよび石垣島観光の需要喚起に努めた。12 年 1 月 1 日より現職。

旅行中に偶然見かけた一流ホテルのコンシェルジュの仕事ぶりに憧れ、ホテル業界に足を踏み入れました。

大きな夢を持ってその一歩をスタートしましたが、ホテルに入ってまずびっくりしたのはその職種の多さ。各々の現場の第一線に立ち、直接お客さまと接するスタッフ、例えばコンシェルジュ、ソムリエ、バーテンダー、メーテルドテール、ドアマン。他の業種にもある、企業を運営していく上において必要な経理、人事、総務、エンジニアなどのサポート部門。企画を立て、宣伝広告しそれを販売するセールス。細かく言い始めたらきりがないほど多岐に渡ります。

果たして自分にはどれが向いているのだろうと立ち止まっている暇も無く、私はサービスでお客さまの喜ぶ顔を見られる第一線のホテリエを目指し、サービスと知識の習得に励むこととなりました。

ヨコハマ グランド インターコンチネンタル ホ

テルで管理職と呼ばれるようになり、数字の管理、人の管理、品質の管理など多くの責任と共にデスクに向かう時間が増えていきました。苦手な数字やコンピューターとの戦いに明け暮れる日々が訪れましたが、自分としてはとても責任ある仕事に従事していることが毎日の原動力でした。初めて自分が作った企画が通り実施された際は、天にも昇るような気持ちだったのを覚えています。

リゾートホテルのＡＮＡインターコンチネンタル石垣リゾートで初めて総支配人を任されたときは、とにかくその職務内容の広さに驚きました。宿泊、料飲以外にビーチ、ゴルフ場、フィットネス、スパと、今まで働いてきたシティーホテルでは馴染みのないものばかり。夏休みや大晦日などパーティやイベントがある度に従業員一同お客さまと一緒に踊り、花火を楽しんで盛り上げる。遠くから休みを取って来てくれたお客さまに、「また遊びに来たい」と思わせる演出こそがリゾートの醍醐味です。

今は東京の真ん中でストリングスホテル東京インターコンチネンタルの総支配人として、どんどん増える外国人客にどれだけ快適に過ごしていただくか、日本を知って帰っていただくかを毎日スタッフみんなと考えています。30年以上ホテリエとして働いていますが、未だに毎日飽きることなく、何か今までに経験したことのないことが起こるのでは、とワクワクしながら楽しんでいます。

ホテリエという職業は広くて深く、また多くの人との出会いが仕事の幅を広げて行きます。２０２０年のオリンピックに向け、これからもっと加速度を増すであろう日本のグローバル化と、広めなければならない日本のおもてなしの心。どちらもとても大切です。少しでも多くの方々に広く門戸を開き、一日も早く世界と仕事をするホテリエとなってもらいたいと期待しています。

新米ホテリエの社長より

ネストホテルジャパン株式会社
代表取締役社長　河内 中　ATARU KAWACHI

1986 年に三井不動産に入社し商業施設及び住宅の開発に携わる。その後外資系経営コンサルティング会社、米国ベンチャー企業日本法人副社長、スター・マイカ取締役、スター・マイカ・アセットパートナーズ代表取締役等を歴任。2009 年にグリーンフィールド・アドバイザーズを設立し、シンガポールの投資家のアドバイザーとしてホテルの取得を手掛ける。13 年にネストホテルジャパンを設立し、現在 6 店のホテルを運営中。新規店舗計画も順次確定しており 20 年までに国内で 20 店舗体制を目指す。カリフォルニア大学バークレー校経営大学院修士（MBA）。

私のホテリエとしての業界歴は、本書の中で一番浅いかもしれない。２０１３年にネストホテルジャパンを設立し、ホテル経営に関わるようになりようやく3年経ったところだ。

当初ビジネスホテルは効率第一で、スタッフの仕事は画一的なサービスを行なう単調なものなのではないか、という先入観を持っていた。しかし、運営を引き継ぐ際に、スタッフの一人ひとりにインタビューをしてみると、そのような先入観は大きく覆された。それぞれのスタッフが「お客さまが喜ぶこと」をまさに自分の喜びとして働き、より良いサービスのためにいろいろなアイディアを持っていたのだ。

「お客さまのことは現場が一番知っている」という考えのもと、われわれは情報の起点を現場のスタッフとし、本部はあくまで現場をサポートするところから運営を始めた。そうすると現場から建設的なアイディアが出てきた。立地や建物の特徴を活かし、改めて顧客ターゲットを定め、それに合った商品やサービスを工夫して提供するようになったのだ。結果、それぞれのホテルが独自の特徴を持つようになった。

一方、旧態依然とした「ホテル業界では常識」とされることを合理的な仕組みに変える努力も重ねてきた。部門間の垣根を無くし、フロントスタッフも朝食のサポートをする。鉛筆で書いていた宴会の顧客リストはパソコンのデータで管理・共有されるようになった。これらの変化と何よりもスタッフの努力で、ホテルのGOPは13年の創業以来、従前から平均で2倍以上に増加した。

あるスタッフに、ホテル業界に入ってよかった点を聞いたところ、「常に人の気持ちを考えるようになったこと」「同じように考える仲間が集まって良いホテルが作れること」に加えて、「気持ちを込めてお客さまに接することでお客さまに接することがホテルの利益につながること」に充実感を覚える、と返ってきた。

ネストホテルでは、すべてのスタッフがサービスの質と共に数字を意識する。これはお金のために仕事をしているということではなく、お客さまが喜んで対価であるお金を払ってくださるようなレベルの高いサービスをプロとして提供するということである。それは必然的にスタッフ一人ひとりの価値を高めるものであると私は信じている。

ホテルの現場は、スタッフが年中無休24時間体制でお客さまを迎える。何かあればすぐに対応する姿には頭が下がるし、確かに大変であると思う。しかし達成感とスピード感をこれほど感じられる場もないだろう。実際にネストホテルでは34歳で総支配人として一ホテルの複雑な経営に携わる者もいる。

電話予約がパソコンに、さらにスマホへ主戦場が移り、1年前は知られていない民泊が競合となるなど、環境の変化は日増しに速くなっている。

あたたかい心と成長する意欲をもち、新しいホテル業界を一緒に作ってくれる若い方々を、心よりお待ちしています。

人は思いによって“生かされる”
そして、チャンスは自ら獲得する！

株式会社ホテル グランドパレス
代表取締役社長・総支配人　河村 博　HIROSHI KAWAMURA

群馬県出身。1981年明治大学商学部卒業。同年株式会社ホテルグランドパレス入社。2005年総務課長、「社会保険労務士」資格取得。以後、大学・専門学校等にて「ホテル労務管理論」など講義。09年管理部長、警視庁麹町警察署管内「麹町地区特殊暴力防止対策協議会」会長として管内120社企業を統括、警察行政協力等により「麹町警察署長表彰」受賞。12年取締役料飲部長、営業企画部長兼任、ホテルの産直市場「ホテ市」（登録商標）開催、各都道府県とコラボ。13年常務取締役副総支配人。15年3月より代表取締役社長・総支配人に就任、海外レップ「WORLD HOTELS」（世界500ホテル加盟）“ベストレベニューアワード2016”を獲得。特定社会保険労務士。

大学卒業後、入社35年目に社長兼総支配人になりました。そのほとんどの社内歴が管理畑で、人事に始まり、総務・資材・経理という典型的なマネジメント系です。このキャリアは意外にも、後々に役立ちました。

ホテリエの能力は主に、①インテリジェンス（知識・教養）、②スキル（技術・技能）、③エクスペリエンス（経験）から構成されています。①と②は本人の努力でいくらでも伸長させることができます。つまり、思い（強い意思）があれば一流のホテリエになれる可能性が非常に高いと言えるのです。また、その能力と経験からなる一流のサービス（おもてなし）がお客さまに認められることで〝自己実現（努力が報われ、達成感を得ること）〟できるのがホテリエの仕事です。そして、このことは〝仕事のやり甲斐、人生の生き甲斐〟へとつながるはずです。

ホテルに限りませんが、日頃から仕事（入社時にはＯＪＴ）を通して今の自分にどんな能力（知識や技能など）が不足しているのかを確認し、その能力不足をどう補足していくのかを考え、実行に移します。そこでは自身の思い（強い意思）が非常に大切となります。私の場合、40歳の頃に「自分の人事・労務の知識は世間で通用するの？」と自問自答し、国家資格「社会保険労務士」の試験にチャレンジ、３年目でようやく合格した経験があります。また、常日頃リベラルアーツ（経済・文学などの一般教養）の習得のため、年間１００～２００冊（ノンフィクション）の読書は学生の頃から30数年欠かしません。

ホテルは「文化やライフスタイルを提供」していいます。新しい価値の創造（イノベーション）には商品開発をするスタッフの想像力（知識・教養の概念化）が不可欠です。そのためのインプットは、平生より質・量共に重要なのです。

最後に、私も与えられた仕事（前述）で新たな専門的知識と格闘してきました。その結果として、いろいろなチャンスも与えられ、幸いにしてポスト（役割の大きさ）が付いてきた気がします。気づけばトップマネジメントの立場から、会社のあらゆる事案に対応することとなりました。管理部門で「ヒト・モノ・カネ」を見てきましたので、ある程度のことには知見があるつもりです。しかしながら、人は組織の上に行けば行くほど、イマニュエル・カント（ドイツの哲学者）ではないですが、「知・情・意」のバランスが求められます。知識・技術だけでも、意思（思い）だけでもダメだという反省もあります。

フレッシュマンの皆さん、ぜひ〝自らの思い（強い意思）〟でチャンスを掴み取ってください。応援しています！

出会いと感動が生まれる場所、その中心にいるのがお客さまとホテリエです

クロスホテル札幌
総支配人　菊地 茂樹　SHIGEKI KIKUCHI

1988年駒澤大学経済学部経営学科卒業。地産トーカン株式会社入社。観光事業本部に配属され、旅館・観光施設の営業・ビジネスホテルの総支配人等、さまざまな経験を積む。2004年10月ブルーウェーブ株式会社入社。ブルーウェーブイン札幌総支配人として勤務。08年6月よりクロスホテル札幌総支配人として着任し現在に至る。

ホテルとはただ宿泊するだけの場所ではありません。人と会うことを目的とした旅行が数多く存在し、ホテルで会う約束をされているお客さまも少なくありません。またホテルでの偶然の出会い、新しい出会い、もちろんホテリエとの出会いもお客さまの心に残る出来事となる可能性があります。お客さま自身、非日常感の中で新しい自分と出会うこともあるでしょう。五感で感じられる出会いもあります。「美味しい料理」「心地よい音楽」「発想を変えてくれるようなアート作品」「風景を思い出させるような香り」「心安らかにさせる肌触りの寝具」…さまざまな出会いが生まれ、その時間と空間の中で感動が生まれます。旅行の醍醐味とはその感動を味わうことではないでしょうか。

ホテリエとしてそのための大切なポイントがあります。まずはしっかりお客さまと向き合い、観察し、何を望んでいるかを察知することです。そして、お客さまに寄り添うことです。互いに向き

合う状態から、同じ方向を向いて横並びになるイメージです。そうすることでお客さまと同じ目線に立ってサービスを行なうことができ、そこにお客さまとホテリエとの共感が生まれます。

例えばカップルのお客さまからお連れさまのお誕生日のお祝いをしたい旨のリクエストを受けたとします。一般的には、通常業務の中でホテルが都合できるサービスを提供するでしょう。さて、ここでスタッフがお客さまに寄り添うサービスをイメージすることができたらどうでしょうか？その時の会話の中でお客さまが本当に望むことに気づき、より目的にあった提案ができるはずです。誕生日ケーキをお部屋にお届けする行動一つをとっても、タイミングや、演出の仕方などで全然違う時間の提供となるでしょう。事情を知らないスタッフがただケーキを届けることと、お客さまからの合図でドアを開けた瞬間に電灯が消され、蝋燭《ろうそく》の火が灯ったケーキを準備しておいたBGMと共に提供するのでは、まったく違う物語になり、お客さまとスタッフが共感できる時間が生まれるはずです。そのスタッフは、同じ感動を共有することができるかもしれません。感動のクロスによりさらにプラスαの感動が生まれ、「このホテルに泊まって良かった」「このホテルに泊まれば自分のイメージ通りの時間を過ごすことができる」と、そのスタッフに対してはもちろん、そのスタッフの行動からホテルへの信頼が生まれるはずです。

このような信頼が積み重なり、ホテルの価値・文化・伝統へとつながっていきます。日々のお客さまとの出会いから生まれる共感や感動が、お客さまの旅行そのものの付加価値となり、そのホテルはただ泊まっただけのホテルではなく、『感動したホテル』『また泊まりたいホテル』に変わっていきます。

ホテルがただ泊まる場所だけではなく、そこでの出会いを演出して感動を生み出すことができる仕事がホテリエの仕事だと考えています。

ホテルはグラマーな劇場であり、ロビーは舞台、そして皆さんは"役者"

リージェントホテルズ＆リゾーツ　リージェント台北
取締役マネージングディレクター 兼 日本支社長　北原 匡 TADASHI KITAHARA

1966年生まれ。東京出身。93年から米国マサチューセッツ州のウィルブラハムモンソンアカデミー、米国ノースイースタン大学国際ビジネス学部、ボストン大学ホスピタリティ学部に留学。ITTシェラトン、ボストン及びフォーシーズンズ椿山荘東京にて研修後、グランドフォルモサリージェント、リージェントシンガポール、インターコンチネンタルバンコク、ルメリディアン・アンコール等アジア4カ国でセールスマーケティングの部門の支配人及び部長を歴任。帰国後ヒルトン東京ベイ副総支配人－営業担当、アーコンホスピタリティ、IHG・ANAホテルズグループにてリージョナルセールス統括部長、ANAインターコンチネンタル東京副総支配人、ANAクラウンプラザ成田ホテル支配人、2012年からリージェントホテルズグループ取締役マネージングディレクター兼日本支社長として現在に至る。

少しでもホテルに興味を持っている若者の皆さん、ホテルは劇場でロビーは皆さんが輝けるグラマーな舞台です。

私も自身研修生としてアメリカボストンのホテルのフロントデスク、コンシュルジュに配属になった日、クリーニングされた真っ新な制服、新品の白いシャツ、磨かれた靴を身につけ、シフト開始前のミーティングが終え、いよいよフロントに出るときの緊張感は今でも覚えています。

その緊張感は、例えるなら初舞台に出る役者のような気分とも言えるのでしょうか。「初舞台」を終え、その日のシフトが終わった後は、秋なのに汗びっしょりだったのを覚えています。

お客さまにどのような素晴らしいおもてなし（演出）ができるか。これはまさにホテルという劇場の中での物語です。皆さんがホテル側の主役であり、そしてお迎えするお客さまはその舞台を見る観客であり、そしてその観客を皆さん方の力で観客から主役にすることができる。ホテリエというのは素晴らしい職業なのです。

劇場＝ホテル業くらいレストラン、インテリア、絵画、備品に至るまでこだわりの演出がされている職業はこの世の中ではほかには無いでしょう。そして、ホテルを利用する幅広いお客さまは、ホテルのブランド、ロケーション、雰囲気、サービス等、さまざまな演出によってそれぞれのファンがいます。ホテリエというのは、決してほかに無い、グラマーな職業なのです。

ホテルは世界各国から毎日違うお客さまをお迎えします。そして、お客さまはそのホテルの施設やサービスに感銘を受け、再びお泊まりいただけます。そして、ホテルはそのお客さまをお迎えする場所。ホテリエは、そのホテルという劇場でお客さまをお迎えする役者です。お客さまの目的はさまざまで、そこには一期一会という出会いと別れがあり…、ホテリエというのはなんとドラマティックな仕事なのだろうと思わずにはいられません。

私自身、今まで、ボストン、東京、台北、シンガポール、バンコク、シェムリアップ等で仕事をしてきましたが、世界中のお客さまがホテルを訪れ、それをホテリエとしてお迎えし、お客さまに「最高の宿泊だった」と言われることは最高の幸せです。

皆さんもぜひ、素晴らしい国際的な劇場の舞台で活躍してみてください。

私は今年50歳になりましたが、今後は日本を含め世界の主要都市に素晴らしい劇場と舞台を作るのが使命です。

コミュニケーションを大切に
常に自己研鑽と商品知識の向上

金沢白鳥路 ホテル山楽（プレミアホテルグループ）
総支配人　北谷 公人　KIMIHITO KITAYA

1963年札幌市生まれ。ホテルアーサー札幌を経て2005年プレミアホテルグループに入社。入社後はノボテル札幌（現プレミアホテル中島公園 札幌）に所属し、料飲部21CLUB支配人、料飲部長、宴会部・ブライダル部部長、管理担当の副総支配人、総支配人代行を歴任。15年5月より現職。

世界第1位の観光大国フランスは、人口6300万人に対して年間8450万人のインバウンドがやってきています。観光客が各地のワイナリーを巡りながら、ガイドブックを片手にその土地の美味しいレストランを訪れる旅が定着しています。日本は全体が、海に囲まれて豊富な海洋資源に恵まれた環境に加え、和牛をはじめとした黒豚・地鶏など高級食材の宝庫でもあり、たくさんの地物野菜や、みずみずしい果実類も大変人気があります。日本酒の蔵元やワイナリーも全国各地にあり、旬の素材を生かす調理の卓越した技術レベルと高い衛生観念はフランスに勝るとも劣りません。四季折々の風景が楽しめる日本には、世界有数の「美食」と「安全」がそろっており、全国各地で快適な旅行が楽しめます。

金沢ホテル山楽のとんがりは「大正ロマン」にしつらえたロビーに城下町絵図を元に金沢の四季を物語風にしたステンド・グラスです。加えて誠心誠意であたたかいサービスの提供で、ゲストに非日常の贅沢を体験していただくこと。良いゲストコメントは、大きなやりがいです。大変なことは、顧客の期待に沿えなかった場合のご意見やクレームへの対応ですが、創意工夫で解決を図ることにより、マイナスを逆にプラスに転じるチャンスとして受け止めています。

GM宛てには、社内各セクションやお客さまより、CS向上、ES向上、業務改善のさまざまな要望がアンケートや提案事項として毎日入ってきます。要望を部門別に箇条書きに直して仕分けを行ない、全スタッフで課題を共有した後に会議で、優先順位を付けて改善の実行を行なっています。またスタッフとは、年2回実施の定期的なインタビュー以外に、積極的に普段も会話の機会を持つようにしています。楽しく面白く働く環境整備のため、年一回はアンケートも実施してフィードバックを行ない、個人のモチベーションを高める工夫と、適材適所の人材配置を常に心がけています。

ホテリエはコミュニケーションが大切です。

①ゲストとは積極的に会話すること。
②取引先には謙虚に接すること。
③スタッフ間は報告・連絡・相談を行なうこと。

これらをブリーフィングで依頼しています。CS向上は自己研鑽と商品知識の積み重ねで、結果としてリピート率の向上が目標です。今後も海外からのお客さまの飛躍的な上昇が、見込まれていますので、ぜひ多くの方々に、日本と金沢の文化を満喫していただきたいと日々努力をしています。

ローカルな魅力で世界をもてなす

株式会社ホテルニューアワジ
代表取締役社長　木下 学　MANABU KINOSHITA

1968年淡路島生まれ。京都産業大学経営学部卒業後、株式会社ロイヤルホテル入社。ウェイター、ベルボーイ、営業などで研鑽を積む。98年 株式会社ホテルニューアワジ入社。2004年取締役、06年専務取締役を経て、11年12月株式会社ホテルニューアワジ神戸（神戸ベイシェラトン ホテル&タワーズ）代表取締役就任。15年4月より株式会社ホテルニューアワジ 代表取締役としてホテルニューアワジグループ全体の指揮を執る。現在、淡路島、香川、神戸に10軒の旅館・ホテルを展開。地域の魅力を活かした再生で、買収した旅館・ホテルは、すべて1～2年で黒字化。17年以降、香川、京都、津山にも展開。高校時代には野球に打ち込み、甲子園出場も経験。大学ではゴルフ部の副主将として活躍。現在も趣味のゴルフで幅広い交流を図る。

「爆買い」、東京・大阪・京都などを中心とした「ゴールデンルート」、大都市圏の宿泊施設不足など、ニュースでも多く取り上げられたインバウンドは、２０１６年に入ってからも、民泊利用の増加、地方都市への分散など、少しずつ変化が起きながらも順調に増加しております。

そのような状況下、日本の成長産業の柱と位置づけられる観光産業は、とりわけ地方において大きな転換期を迎えています。

地域創生が叫ばれてから、早数年が経過しました。実際に訪れてみなければ感じることのできない自然や、その地域でしか味わえない食など、各地域には大都市圏にはない、その地域固有の魅力が数多く存在します。

古事記・日本書紀において日本のはじまりの島として知られる「淡路島」を中心としてホテル・旅館を展開するわれわれホテルニューアワジグループも、大都市圏では体験できない自然、食や温泉などを活かした「ローカルな魅力」でお客さまをもてなして参りました。

淡路島を例に挙げるならば、たまねぎはもちろんのこと淡路牛、3年とらふぐ、沼島のはもなどに代表される豊かな食、世界遺産登録を目指す鳴門の渦潮、あわじ花さじきなどの壮大な自然の数々…。都会にはない魅力がたくさんあります。

今後、2020年までに4千万人、そして2030年には6千万人にまで増えると言われている海外からのお客さまをお迎えするには、全国各地域の力が不可欠です。「ローカルな魅力」こそが、海外のお客さまをおもてなしする大きなキーワードとなります。

磨き上げれば世界レベルまで持っていける「ローカルな魅力」を、さらに磨き上げることにより、海外のお客さまだけでなく、今まで各地域を支えていただいた日本のお客さまにもさらにご満足いただけると確信します。

そのおもてなしの最前線のホテル・旅館では、これまで以上に若い世代の活躍が不可欠です。サービス業のイメージとして、「きつい」というイメージがあるかも知れませんが、これからの時代、仕事と生活を調和させる「ワーク・ライフ・バランス」が重要です。また、子供が生まれてからでも「仕事」と「家庭」の両立が図れる働きやすい職場環境づくりにより、女性の活躍の場が増えています。

さらに、ひと昔前では、長い年月働かないとマネージャー・管理職にはなれませんでしたが、早い段階で若手を責任あるポジションに登用する例も少なくありません。

日本の観光産業を支えるホテル・旅館には皆さま方の活躍のステージは数多くあります。皆さまと一緒に働ける日を楽しみにしております!

国際水準の競争力を獲得して、ホテル業の醍醐味を体感しよう

PGH ホテル・トータル・ソリューションズ株式会社
代表取締役社長　窪山 哲雄　TETSUO KUBOYAMA

1948 年福岡県生まれ。71 年慶應義塾大学法学部卒業、75 年コーネル大学ホテル経営学部卒業。米国ヒルトンホテルズコーポレーション、ホテルニューオータニ、ヒルトン東京ベイを経て、91 年株式会社 NHV ホテルズインターナショナル代表取締役社長に就任、ハウステンボス内の 5 ホテルを立上げる。97 年株式会社ザ・ウィンザー・ホテルズインターナショナルを創業、北海道のザ・ウィンザーホテル洞爺リゾート&スパの再建に取組む。2008 年同ホテルで北海道洞爺湖サミット開催。13 年高級ホテル運営会社株式会社ザ・パーク グレイス・ホテルズを創業、新高級ホテルブランドの立上げを目指す。15 年 PGH ホテル・トータル・ソリューションズ株式会社を発足させ、観光ホスピタリティ産業のグローバル化に対応したソリューションなどにも取組む。現在、京都大学経営管理大学院在籍。

ホテル産業は、空前のブームを迎えています。1964年の東京オリンピックのように、いずれブームが終わるのではないかという懸念の声がありますが、私は、観光ブームは東京オリンピック以降も続くと考えています。それは、アジア新興国の中間所得層の増大等、当時とは経済市場環境が全く異なるからです。

しかし、インバウンド市場の急激な伸張による宿泊施設不足、アベノミクスに連動した金利の低下、為替変動等により投資環境が整い、おびただしい数の異業種の参入とホテル建設ラッシュの結果、見境のないホテル戦争環境に突入する可能性が高いと思われます。このままでは、たとえ追い風による営業成長を遂げても、人材不足や運営、経営能力の問題のために適切な事業成長が叶わず、数多くのホテルの倒産や撤退が懸念されるのです。

現況打開策は、マネジメント人材の戦略的育成に尽きます。かつて、日本の政財官学は観光学、

ホテル学に対しあまり興味を示しませんでした。マネジメントの存在すら認めようともしなかったのが現実です。しかし、わが国のＧＤＰを引き上げることができるのは、名目ＧＤＰの５％を占める観光産業であり、その生産性の向上が重要視されています。

そこで、ホテルマネジメントに求められる能力とは、「ＰＴＡ」であると私は提唱しています。ホテルの現場における「Practical（実践的）」な経験を「Theoretical（理論的）」に落とし込み、組織的に理解して人材育成に活用する。そして、「Ｐ」と「Ｔ」を経営に活かすために体系化を図る「Administrative（経営学的）」なアプローチによって、キャシュフローと顧客を最大化して成長基盤を確固たるものにすることが重要です。

しかし、現状は「Ｐ＝実践」に偏り過ぎており、競争環境や時代、顧客のニーズや経験価値の変化に対応できていません。煩雑《はんざつ》な日々の接客とオペレーション対応で精一杯で、理論や経営視点が戦略的になれない現実を乗り越え、世界に冠たる日本の「おもてなし」を、理論的・経営学的に捉えなおすことができれば、観光業界の未来も開けてくるはずです。

真の国際競争力のあるホテルマンとは、ホテルのプロとして「哲学、技術、様式美」を研鑽する人を指すと思います。結果として、ホテルを取り巻くステークホルダー（顧客、株主、従業員、従業員家族、取引先、コミュニティ等）にとって魅力的な愛されるホテルを創ることができるでしょう。

「学ぶ」ことへのたゆまぬ努力が必要ですが、「ＰＴＡ」を体得して初めて、ホテル観光業の醍醐味を経験することができるのです。自分を磨き、自分の人生を豊かにすることが、顧客の満足を生み、企業の発展に寄与することになる――「ホテル」ほど、面白く、知的な商売は無いと思っています。

創業40年「奈良屋」グループ。お湯で客をもてなす仕事

草津温泉 奈良屋・草津ナウリゾートホテル・草津温泉 湯畑草菴
代表取締役社長　小林 恵生　YOSHINOBU KOBAYASHI

1975年生まれ。97年亜細亜大学経営学部卒業。同年株式会社HIS／東武トラベル株式会社入社。2002年株式会社ニューコーポレーション／株式会社 奈良屋入社。12年株式会社ニューコーポレーション、株式会社 奈良屋 専務取締役就任。16年株式会社ニューコーポレーション　代表取締役社長就任。現在に至る。

私たち奈良屋グループは、来年創業１４０年を迎える伝統を誇る「奈良屋」、大自然と温泉を満喫できるマウンテンリゾート「草津ナウリゾートホテル」、温泉地の新たな滞在スタイルＢ＆Ｂカジュアルホテル「湯畑草菴」と、全く異なるタイプの温泉宿泊施設を持つ企業グループです。

フロント、客室、料飲サービス、調理、事務など多岐にわたる職種で成り立つ旅館・ホテルの仕事。その中でも当地草津温泉ならではの仕事を紹介したいと思います。

温泉の状態は湯守《ゆもり》によって常に適温に保たれており、まろやかできめ細かい薬湯を１４０年にも渡り守り続けている。湯守の歴史は古く江戸時代から、もともとは温泉（源泉）の管理人として土地の領主から湯守の地位が与えられたことに始まります。現在では、源泉まで含めた入浴施設全般の管理を専業で行なう従業員、という位置づけになりますが、今はもう湯守のいる宿は国内でもわずかしか残っていません。そんな貴重な「湯守」

という職業を、白旗源泉を例に挙げて仕事の内容をご紹介したいと思います。

源泉から引きたての湯の温度は55～56度。その湯を一晩寝かせて46～47度くらいまで湯温を下げる草津のお湯は刺激の強い泉質、それだけに、肌触りが優しくなめらかになるよう湯を丁寧に揉む。暑い日は湯量を少なくして湯舟の湯の温度が高くなりすぎないように、寒い日は湯量を多くして温度が下がりすぎないように、お湯と会話するように微妙に加減をコントロールしていく。

そうして夏は41度、冬は42度、自慢の湯を最も良い状態に仕上げてお客さまに提供する。もちろん泉質が違えばやり方も別、湯舟の大きさや形がかわればそれもまた別、湯舟に入るのが10人なのか50人なのかによっても、湯温の下がり方が変わってきます。こうして、日々綿密な管理をしている人がいるからこそ「あぁ、いい湯だな」と思わせることができます。

何代にも渡る湯守の歴史やその技は、先代から後輩へと守り伝え続いてきた泉質という素材の良さだけではなく、お客さまに喜んでほしいという想い、その宿自身の〝伝統を映す湯〟にこだわるからこそ、すべてのゲストが気持ちよくリラックスできます。

温泉地における旅館やホテルは、そんな古き良き伝統を時代と共に進化させながら守り引き継ぐ職業です。1～2年では習得できない仕事ですが、だからこそ技を習得した時の喜びや充実感は計り知れない仕事です。腰を据えて共に取り組みましょう！

今後、日本の観光は外国人観光客がさらに増加する中で、本物志向の強まりに伴い、高品質が求められています。私たちと一緒に、世界が認める「日本の品質」をつくり上げてゆきましょう。

旅のプランナーが仕掛ける、ホテル業界への挑戦

株式会社ホワイト・ベアーファミリー
代表取締役社長　近藤 康生　YASUO KONDO

1956 年 大阪生まれ。78 年 関西学院大学商学部卒業。大学 2 年生のときに始めたスキービジネスを卒業後に発展させ、81 年 旅行会社「株式会社ホワイト・ベアーファミリー」を設立、代表取締役就任。沖縄・北海道に計 11 件のホテルを運営し、近年は本州でのホテル事業開発も盛んで、2016 年 4 月には大阪でもカプセルホテルを開業。17 年以降、ホテルの出店を積極的に展開予定、ホテル業、レンタカー業、航空会社の国内代理店業と旅行業にとどまらず、旅行業から観光業へ転換している。現在は、インドネシア、中国を含む約 10 社による「WBF ホールディングス株式会社」のトップ。著書に『25 億の借金をしても沖縄・瀬長島につくりたかったもの』(ダイヤモンド社／ 2015 年出版）がある。

那覇空港のほど近くに浮かぶ小さな離島、瀬長島。ここに年間60万人もの人が集まる施設、「琉球温泉 瀬長島ホテル」があります。

このホテルを運営するのがわれわれ、WBFグループなのですが、実は私たちは旅行業出身。ホテル事業に参入したのも、この瀬長島にホテルをつくろうと思ったのも、これまで培った旅行プランナーとしての経験、そして直感があってこそでした。

WBFグループは、元は学生のスキー旅行サークルです。「もっと大勢を楽しませよう」とあれこれ企画するうちに本格化し、35年前サークルが会社に。そして旅行会社として「あれもこれも楽しんでほしい！」と思ううちに、沖縄などのリゾート旅行も取り扱うように。さらに、「もっとわれわれのお客さまを受け入れ、楽しませるホテルがほしい」との思いが高じて、「いっそ自分でつくろう」と12年前にホテル業へ参入するに至りました。

ホテル業では異端児です。しかしやってこられたのは、旅行業の経験があるから。旅のタイプごとに求められるホテルは違うと、本質的に理解していたのです。

瀬長島との出会いは、今も鮮明に覚えています。当時はゴミの島と呼ばれる荒地でしたが、青々とした海が広がり、飛行機が絶えず離発着する。そして何より、隠れた夕陽の名所。この絶景を、温泉にでも浸かって眺められたなら――絶対に喜ぶ方はいる。確信したのは直感です。ただし、旅行業としての経験に裏打ちされた直感です。

しかし、ゼロから宿泊施設を生み出すという事業は、平坦な道のりではありません。地域の反発、県外企業に対する抵抗感、国や県との度重なる交渉、1000メートル掘っても湧き出ない温泉……。やり遂げられたのは、旅の大きな要素である宿泊施設をゼロからつくる仕事に、果てしない夢があったからです。その舞台がこの景勝地。やらない理由はありません。そこには、お客さまの満面の笑顔を夢見て取り組める、仕事の醍醐味がある。それに旅行業とホテル業、これまでの経験が、このホテル計画は必ず喜ばれると言っていたのです。

おかげさまで現在では、沖縄で初めての本格的温泉リゾートとして、年間60万人がお越しになります。WBFグループ企画のツアーはもちろん、各旅行会社からも何万名もご送客いただいています。さらには日帰り入浴が、地元沖縄の方に好評を博し、リピーターも多数。またホテルには外国人のお客さまも多くお越しになられますので、日本で幸せな思い出をつくると共に、世界平和に貢献している実感を持って働くことができます。

今後は全国の主要都市にホテルを展開する予定です。それは画一的なスタイルではなく、地域ごとの特色やお客さまに合わせた宿泊施設。旅をつくり続けてきた経験と情熱を生かし、人を感動させる旅とホテルをこれからもつくっていきます。

業界の未来のために、次世代のリーダーのために…

クロスホテル大阪
総支配人　後藤 修二　SHUJI GOTO

1987 年都ホテル東京（現：シェラトン都ホテル東京）入社、料飲部調理課／レストラン課／飲料課を経て、94 年 9 月ウェスティンホテル東京入社、開業に携わる。同ホテル料飲部ビバレッジマネジャーを務めた後、2006 年 7 月オリックス不動産株式会社入社、熱海「ホテルミクラス」「大月ホテル和風館」総支配人に就任。10 年 12 月クロスホテル大阪副総支配人、11 年 4 月同ホテル総支配人に就任、現在に至る。

■自腹で本当のサービスを受けろ！（客としての達人になれ！）

⬇普段の生活にないものを自ら体感（見る）することで自分のセンスや考え方ができる。

■スタッフは「フレッシュ＆フレンドリー」でなくてはならない！

⬇お客さまに「徹底的に愉しんでいただきたい」という真の気持ちを枠にとらわれること無く全身全霊で表現する↓お客さまがこんなにも喜んでくださる↓スタッフも喜びを身体で覚える

※ Getting Better の法則

■ホテルをサービス業の頂点と思うな！

⬇ホテルマンとは思わず、ホテルビジネスマンと思え！（ホテル産業に携わっているビジネスの視点、経営者の目線にもなるバランス感覚がとても重要）

■何をしたいのか？　抱いている「夢」は常に声に出して言え！

⬇知らず知らずのうちに自分が自身に期待し、自然と「夢」に向かってストレスなく努力できる。

■他人を意識するな！自分を意識せよ！

⬇謙虚な心、素直な心で自分を好きになり自身が認め、自信が持てる。

■良い意味で可愛がられる「人たらし」になれ！

⬇言動と行動は常にポジティブに／人に笑いよりも感動を与える存在で／自分のポジションを明確に

■「感受性」が成長には最も必要。

⬇かっこいい人や、憧れているものを先ず感じ、それに近づくよう努力することが大切。感じる気持ち（心）がなければ何も始まらないし生まれない。

■体感し身体で覚え、自発的に考え実践する。

⬇自分の意思で動けるようになると本当の意味で身に付きそれがキャリアになる。

■「なりたい」ではなく「なる」

⬇これを前提に目の前にあるすべてのモノ・コトに勇気を持って挑むこと（チャレンジすること）が大切。

■情熱の無き仕事には意味はなさない！

⬇「○○しなければならない」ではなく「○○したい！」

■プロフェッショナルの意識

⬇役割を自ら創造し、結果に対して責任を果たすこと。

■幸運は常に準備（努力）している者にしか訪れない！

⬇すべてにおいて入念な準備（努力）が成功への近道

【座右の銘】

■怒りは「無知」泣くは「修行」笑いは「悟り」

■「証明」無くば「信用」無し、「信用」無くば「尊敬」無し

「仕事を楽しむ心」を持ち続けていけば、必ずお客さまの心を満たせるホテリエになれる

ホテル日航金沢
常務取締役総支配人　呉服 弘晶　HIROAKI GOFUKU

1955年4月19日生まれ。大阪府出身。龍谷大学経済学部卒業。82年ホテル日航大阪入社。2001年ホテル日航ベイサイド大阪開業準備室課長。03年ホテル日航大阪マーケティング部部長。07年ホテル日航奈良総支配人。11年ホテル日航金沢総支配人就任、15年6月JALホテルズ執行役員に就任、現在に至る。"人生楽しんだもん勝ち"を座右の銘としている。

ホテリエとして早くも37年を超え、今に至ってもホテルの仕事は天職であり、おもてなしのあらゆる瞬間を心から楽しんできました。お客さまに喜んでいただくことで充実感を満たし、またお客さまからたくさんのことを学ぶことができました。振り返ってみると本当に素晴らしい時間を過ごせたと感じています。

例えば誕生日を迎えるゲストへのプレゼントをお客さまと共に親身になり考えること、お出かけのお客さまへそっと傘をお渡しする際にさり気なく午後からの天気予報をお伝えすること。お客さまの喜ぶワインやオリジナルカクテルを提供すること、結婚式で一生の記憶に残るサプライズ演出を企画すること、国内の有名店とコラボレーションしたディナーコースを立案すること、有名人を招いてのディナーショーを計画すること……等々、お客さまへの小さな心遣いから大きなイベントを成功させるといった華やかな業務に至るま

で、そのすべてがホテルの業務です。
ホテルは365日24時間、一年を通して営業しています。朝食を提供する部門は早朝からの勤務、バーやラウンジの配属となれば深夜に帰宅することや、宿泊部門では夜勤などの変則的な勤務体系もあります。体力的な厳しさに加え、心配りの行き届いたスマートなサービス、繊細で美しい料理などを提供し、それをより洗練されたものにしてゆくためには、たゆまぬ向上心と不断の努力が必要です。

そのような状況の中、やはり重要になってくるのは「仕事を楽しむ心」です。楽しみながら一つ一つ困難を乗り越えてゆけば、必ずやお客さまの心を満たせるホテリエになれます。また、それ以上にあなたの心も満たされ、素晴らしい人生になることでしょう。お客さまの『ありがとう』という心からの笑顔に出会いたいのなら、ホテリエという職業ほどふさわしいものはないように思います。

荒削りでもいい、目の前のゲストへのおもてなしに愚直にひたすら情熱を注げるホテリエと出会えることを、心待ちにしています。

お客さまの声を伺うことを糧として
〜遠来の従兄弟をもてなすが如く〜

one@Tokyo
総支配人　齋藤 和彦　KAZUHIKO SAITO

1981年、東京都内の大学卒業後L.Aの商社勤務を経て、香港の旅行会社に転職、85年ウェスティン スタンフォード＆ ウェスティン プラザ シンガポール（現、フェアモント・スイスホテルシンガポール）開業時に入社、日本担当営業マネージャー。93年英国シスルホテルズ日本事務所代表、96年シャングリ・ラホテルズ日本支社代表兼マーケティング部長、2001年ラッフルズホテルズ＆リゾーツ日本支社長、スイソテルジャパン（株）代表取締役、スイスホテル南海大阪取締役、07年アスコットインターナショナル日本（株）、資産管理、事業開発部長。京都におけるホテル開業も経験し、16年11月よりアビリタスホスピタリティ（株）にて現職。17年4月one@Tokyo開業予定。

「ホテルの総支配人さんて、毎日どんなお仕事してはるん？」

京都でも、よくこんな質問をいただきます。

フロント業務や営業の売り上げなど、自分の仕事の責任範囲だけに集中していた新人の頃、毎朝チェックアウトされるお客さま、午後にチェックインされるお客さまと直接間近にそのお声をお聞きすることが日課でした。いつの頃か管理職ともなりますと、担当部署の業務管理、人事など、責任の範疇《はんちゅう》が自ずと広がってきます。最高責任者としての総支配人となり、運営全体の統括と、さらには、事業遂行と業績管理を任せられたりしますと、連日、財務諸表と損益計算書とにらめっこ、などという生活に変わってきます。

しかしながら、いかなる規模のホテル・旅館・宿泊施設であろうと、人が人を取り扱うホスピタリティ産業では、お客さまの声に耳を貸さずに業務の遂行はなりたちません。

例えば、海外から日本を訪れる多くの旅行客から、日本のサービスの素晴らしさを称賛していただく、嬉しいお声をいただきます。日本の文化、自然、史跡、景観は素晴らしい、何より安全で清潔、そしてどこにいっても、公序良俗を守る人々がいる。そのためか、時として、自らの倫理常識と異なる習慣を持つ人々に対しても、過度の期待をすることが多々ある気がします。当日キャンセルされたり、ノーショウする海外客とのトラブルが多々あるのですが、キャンセルは事前に連絡することやノーショウは厳禁、という日本では常識とされる暗黙のルールを、きちんと説明さえすればそれを守ってくださる海外からのお客さまが多いのです。

欧米で好まれる割り切った合理性や、宿泊契約内容に正確なだけでなく、それ以上の、「そこを何とか、」を受け入れ、期待以上のサービスを提供するアジアンホスピタリティ、日本古来のホスピタリティこそが、何かと「規則重視で融通がきかない」といわれる日本のサービスへの誤解を払拭し、本来のあたたかい思いやりのある「おもてなし」文化への原点回帰を担ってくれることを祈っています。

故郷信州で長年旅館を営んできた叔母の言葉をいつも思い出します、「旅館業なんて言うのは365日一日も休みもなく、気が休まるひまなんて一瞬もない。でもな、いつもお客さまの方からこちらに会いに来てくださる、こんなに素晴らしい仕事はない。お客さまはな、みんな遠くに住んでる「従妹たち」が、はるばる訪ねて来てくれたと思ってお迎えすんのよ」と。

お客さまと常に接していられる、ロビーやレストラン、ラウンジこそが仕事場、1分1秒でも多くのお客さまのお声をお聞きして、お客さまのお気持ちを知ることを、生涯の日課とできるホテルマンライフであることを願っています。

ホテルの仕事は、宝石箱

金沢東急ホテル
執行役員総支配人　斉藤 克弥　KATSUYA SAITO

1962年生まれ。2007年 沼津東急ホテル総支配人、08年 名古屋東急ホテル副総支配人を経て13年金沢東急ホテル執行役員総支配人就任。現在に至る。全国宴会支配人協議会（全国B.M.C.　会長）、BIA公益社団法人日本ブライダル文化振興協会　常任理事　中部支部長、一般社団法人　日本ホテル・レストランサービス技能協会（HRS）理事。

「なぜホテリエを目指したのか、ホテリエが天職と考えたのか？」ここからお話しさせていただきます。

まず、私は創業１００余年の土建屋の長男として生まれました。生家は雪国でもあり、冬場は土建業にとって仕事が進まない季節であったため、副業として旅館、そしてスキー場でロッジなどを経営していました。そして、日頃より家族は、土日、お盆、年末年始の休みもなく、子供の頃から休日は、忙しいと言う認識で過ごしていたのです。

当時より多忙な時に嫌な顔をする私に、父は常々「お客さまは、この日のためにお金を貯めお越しいただいているのだから、いつも新鮮な気持ちでお迎えしなさい。仕事は毎日同じだけれども、お客さまは毎日違うのだから」といい続けました。父は本業が土建屋なのですが当時より「ゲスト目線」は優れていたかもしれません。

このように実家が土建業を生業としながら接客

業にも事業を広げていたことが、自分の進む道を決めていたのでしょう。これがきっかけとなり「接客業を極めたい」という考えに発展をしたのです。ですから、私の基本はホテリエになってからではなく、父から教わったことがベースにあります。

そして私のホテリエ人生が始まり、この道に入って30年以上が経過しましたが、ホテルでのお客さまとの出会いが自分を成長させ、今の自分があると実感しています。ホテルは人と人とを結び、また素晴らしい出会いもある、まさに「宝石箱」なのです。

ウェディングプランナーとして出会ったお客さまの中には、今でも家族ぐるみでお付き合いをさせていただいているだけでなく、その後仕事以外のプライベートでも大変お世話になった方もいらっしゃいます。

われわれホテリエはさまざまな業種の方との接点があり、お話しさせていただくだけでも勉強になることは数多くあります。ホテリエという仕事を通じて、見聞も、人脈も広がるのです。

入社した頃は語学を含めわからないことばかりでしたが、お客さまから教えていただいたことが成長につながりました。ホテルだからこそ体験でき、吸収できることがたくさんありました。

２０２０年には東京五輪が開催されるなど観光産業には追い風が吹いており、この観光産業はまさに日本経済を支える成長産業と言っても過言ではありません。

最後に、ホテリエはゲストにサービス、奉仕することが大好きで、これを正道としている人たちのことであり、ホテリエの中にはどの業界にも負けない「人格者」がたくさんいます。

未来ある多くの皆さまが、この業界にチャレンジしてくれることを切に望みます。

サービス業はMustでなく「時」を体験する事ができる仕事。Can Do = 感動

株式会社 ロイヤルパークホテル
常務取締役総支配人　笹井 高志　TAKASHI SASAI

浪人中アパレルのアルバイトでホテルを知り、これだ！と思い進路変更。1982年東京YMCA国際ホテル専門学校卒業。同年4月ホテルオークラ入社。88年4月妻の実家であった茶屋旅館（金沢）常務取締役総支配人として割烹旅館を経験。92年8月横浜ロイヤルパークホテル入社。2008年8月横浜ロイヤルパークホテル取締役就任と同時に仙台ロイヤルパークホテル常務取締役総支配人として3年間出向。11年3月仙台ロイヤルパークホテルにて東日本大震災遭遇。同4月横浜ロイヤルパークホテル復帰。取締役営業部長・宿泊部長を経て16年4月箱崎のロイヤルパークホテル常務取締役総支配人就任。

私の小学校時代の作文に驚くべき一文がありました。「僕は大人になったら機械を相手じゃなく人間を相手にする仕事をしたいです」。どうしてこんなことを書いたかは全く覚えていません。しかし、今、36年間サービス業を続けています。

浪人をしている時、アルバイトで百貨店の売り場というサービス業を初めて経験しました。その時にある有名ホテルで開催されるお得意様招待会に行くように言われました。緊張感いっぱいで初めてホテルに足を踏み入れホテルマンを見た時に私はこれだと思いました。かっこいい！ これになりたいと思いました。両親の反対を押し切って大学に行かずホテルマンへの道を選択。こんな単純な動機がホテルマンの仕事のスタートです。

念願のホテルオークラに入社。主にフロント業務に従事。海外赴任の辞令があったのですが、事情があって妻の実家の金沢の割烹旅館のリニューアルの仕事を行ないました。義兄もいることから最初から旅館を継ぐ予定はなく、番頭さんの仕事

と営業の仕事をただがむしゃらに行なう4年間でした。自分の中にあった目標を達成。そのタイミングで縁あって横浜ロイヤルパークホテルへオープンの1年前に営業として入社。営業・宴会婚礼・宿泊の部門長を経験しました。3年間は仙台ロイヤルパークホテルへ出向。総支配人として東日本大震災を体験しました。私は幸運にもこのようにたくさんのサービス業としての経験ができました。体がつらかったことがないとは言いませんが、辞めようと思ったことは一度もありません。

私は人が好きです。感情のある人間の最高の表情は笑顔と一生懸命物事に打ち込んでいる時の顔だと思います。ホテルは毎日それに出会えます。お客さまの笑顔を見るための仕事は無限で辞めることなど考える暇はありません。

私が携わったサービス業で言い続けている2つの言葉があります。「Ｃａｎ Ｄｏ」と「組織力」です。サービス業とは常におかれた状況でお客さまへできること＝Ｃａｎを探し、それをＤｏ＝行なうことです。「Ｃａｎ Ｄｏ」は日本語読みで「感動」です。一生懸命仕事をする心がお客さまに通じた時、お客さまからは感動された最高の笑顔のプレゼントをいただけます。

私は仙台で総支配人という立場で東日本大震災に遭遇しました。死にもの狂いの懸命の「Ｃａｎ Ｄｏ」と「組織力」の実行でした。被災者や復興のためのスタッフの受入れ。復旧作業。全員で全力で事に臨みました。ホテルマンの最高の底力でした。この時お客さまからいただいたお礼の言葉と仲間からの励ましの言葉はすべてを印刷して保存してあります。これは私の今までの最高の宝物です。

ホテルはこのように「時」を経験できます。2020年にはオリンピックの「時」を経験します。世の中のさまざまなＴＯＰ ＮＥＷＳを肌で感じます。そのとき、おもてなしをし、世界中の人の心を動かすのはサービス業で働くわれわれです。Ｃａｎ Ｄｏ。動かすことができる仕事です。

訪日外国人
4000万人時代に向けて

藤田観光株式会社
代表取締役会長　佐々木 明　AKIRA SASAKI

1950年北海道生まれ。70年 藤田観光株式会社入社　京都国際ホテル配属。98年 藤田観光旭川ワシントンホテル総支配人、2001年新潟ワシントンホテル総支配人、02年横浜ワシントンホテル総支配人、06年札幌ワシントンホテル総支配人、09年執行役員ホテルグレイリー札幌総支配人、11年執行役員事業本部長室長、12年取締役事業本部長室長、13年代表取締役副社長を経て15年代表取締役会長に就任、現在に至る。

２０１５年の訪日外国人数は１９７３万人となり、政府は訪日外国人の目標値を２０２０年４０００万人と上方修正しました。今われわれの業界はこの訪日外国人需要により強いフォローウィンドを受けていますが、ここに至る数年は、リーマンショックに加え、東日本大震災という未曾有の災害に遭遇し、特に平和産業である私たちの業界は経営危機にさらされる企業も多く、耐え忍ぶ時代でありました。近年、訪日外国人は円安基調に加え、政府の政策によるビザの発給要件緩和などの取り組みと相まって大幅に増加していきます。今後も飽和状態にある旗艦空港の離発着枠の拡大や、地方空港の着陸料引下げなど、新たな施策も追加実施される見通しです。

政府の取り組み施策に対し、業界として何を果たしていくべきかが、大きな課題であると言えます。ＡＳＥＡＮ諸国の経済環境の改善により、海外旅行の需要増加は今後も見込まれますが、訪日外国人を４０００万人に拡大させるためには、さらにリピーターを増やすことが必須となります。

私の社会人人生は、1970年京都国際ホテルでスタートしました。時は、「大阪万博」。京都にもたくさんの外国人が訪れていた時代、世の中はまだ1ドル360円の固定相場制で日本人にとって海外旅行は憧れでしかない時代でした。かつて、日本人がはじめての海外旅行に選んだ目的地は「ハワイ」「グアム」「香港」などでした。その理由は、時間・距離の関係もさることながら、「憧れ」という要素が強かったと思います。日本中の雑誌、テレビは、これらの国が如何に楽しいのかを煽り立てました。そしてこれらの国もその要求に応え、その「ブランド」に磨きをかけてきたのです。今でもなお、海外旅行先として人気が高いことは周知の事実です。

訪日外国人のリピーターを増やすためには、「JAPANブランド」の向上が最重要であります。交通インフラや、観光地の案内板の標記の多言語対応はもちろんのこと、「ホテル」が如何に気持ちよくお迎えできるか、まさに「おもてなし」の心が問われる時代に入ったということではないでしょうか。訪日外国人の一人ひとりが日本に「また来たい」と思っていただくためには、その滞在時間が一番長いわれわれホテル業界が、先頭に立ち訪日の方々をお迎えする姿勢を示すことが必要です。

当社、藤田観光グループで共有する「いつも、ありがとうのいちばん近くに」というホスピタリティマインドこそ、これから求められていくものであると確信しております。

日本には今後多くの人が訪れることが予想されるASEAN諸国には無い「四季」があります。春の「桜」、秋の「紅葉」、そして冬の「雪化粧」。さらに、ユネスコの無形文化遺産にも登録された「和食文化」も魅力の一つです。今後も継続して「JAPANブランド」に磨きをかけ、発信し続けていきましょう。

これからもホテリエ。自分の成長とお客さまのために

ホテルメトロポリタン（日本ホテル株式会社）
取締役 総支配人　佐藤 進　SUSUMU SATO

獨協大学経済学部卒業。1984年池袋ターミナルホテル株式会社（現・日本ホテル株式会社）入社。85年ホテルメトロポリタン長野の開業準備に携わり、宴会・宿泊を中心に実績を重ねる。2003年から08年までホテルメトロポリタンにおいて、マーケティング部宴会販売次長、宴会部部長、料飲部部長、この間に東京B.M.C.会長、日本ホテルスクール非常勤講師を兼任し、09年より12年までホテルメトロポリタン高崎の総支配人を務める。同ホテルではリニューアルオープンに向けて、陣頭指揮を執り、同時に地元企業との関係構築に尽力。人材教育にも力を入れ、群馬県の市民講師として、各所で講演を行なう。13年東京ステーションホテル副総支配人を務める。ホテル全体のオペレーションの確立、向上に努めた。15年6月より現職。

「苦労はするだろうけど、他の誰かにできるなら、自分にできないはずがない」。1984年、その思いを胸にホテリエの道を歩み始めました。そしてこれは32年経った今も変わらず、私の仕事人としての信条です。

入社一年後にホテルメトロポリタンの開業を迎えましたが、池袋という土地柄に対する予備知識も無く、正直苦労しました。しかし、ようやく一件の団体予約を受注した際に、「やっていける」という手応えを感じたのを今でも覚えています。ホテリエとしての第一歩を踏み出した瞬間です。

その後、自らの希望で宴会の予約担当に異動し、さらに5年後にはホテルメトロポリタン長野開業準備室に出向、冬季オリンピックの開催による、需要拡大に応えられるホテル創りに携わらせていただきました。オリンピック終了後から今日までの道程で、宿泊部門、料飲部門、宴会部門を経験させていただき、さまざまな物事を学びました。海外のお客さまなど文化の違いに戸惑うこと

もありましたが、「お客さまが何を望んで、それに応えるためには何をすればいいのか」という基本は同じで、大切なことはチームワークとコミュニケーションだと気づきました。お客さまに本当にご満足していただく上で、この二つは欠かすことができないものです。

スタッフ同士声を掛け合い、情報の共有をきちんと行なう。もちろん話しやすい雰囲気作りも重要です。ですから、部門、セクション間に壁を作ってはならないのです。お客さまに快適なホテルライフを過ごしていただくために、よく話し合う事が重要なのです。お客さまから見れば、同じホテルのスタッフで、お客さまにご満足いただくという、目指すべきゴールは同じでなくてはいけません。

ホテル利用の動機は観光、ビジネス、記念日などさまざまです。このような場でホテリエは、外国人も含めたくさんのお客さまに出会うことができます。そして、その方々に喜んでいただけるように日々努力をするのです。

ホテリエは、人として常に成長することができる、やりがいのある仕事だと思います。時には、決して安価ではない商品を買っていただきながら、「ありがとう」と感謝の言葉をいただくこともありますからね。ホテル業界はこれからが面白い。誰かができることですから、あなたにもできるのです。

「人間力」を最大限に高められる職種、それが「ホテリエ」です。

東洋観光事業株式会社 常務取締役　ホテルブエナビスタ 総支配人
重山 敬太郎　KEITARO SHIGEYAMA

宮崎県出身。1988 年シェラトン・グランデ・トーキョーベイ・ホテル入社。料飲部長、宴会部部長などを務め、2009 年東洋観光事業株式会社入社。運営管理本部副部長、料飲部部長、副総支配人を経て 11 年 7 月に総支配人に就任。14 年 6 月取締役総支配人、15 年 6 月より現職。

世界の共通言語である「ホスピタリティ」。言葉は通じなくても、文化や歴史、芸術、そして国民性などが大きく異なっていたとしても、この言葉だけは世界共通です。人間が人間であり続ける以上、ビジネスはもちろん、プライベートにおいても、十二分に生かさなければならない極めて重要な「心」です。

この「心の能力」を最大限に高めることができる職種、それが「ホテリエ」です。なぜなら世界には約3万種類の仕事があると言われている中、その中でも一番に「遇することを慮(おもんばか)る人間の産業＝ヒューマンインダストリー」の最高峰に位置する職種が「ホテリエ」だからです。

私は30年間、この仕事に従事しておりますが、一度たりとも「辛い」「面白くない」「辞めたい」と思ったことはありません。それは単なる接客ではなく接遇を意識し、どのようにすれば周りにいるすべての「人間」が喜んでくれるか、私が在籍するホテルを愛してもらえるか、延《ひ》いては私自身に好意を抱いていただけるのか、を日々、考えているからです。そしてそれを考えることがとても楽しいからです。これはビジネス上、目の前で接するお客さま、上司や部下、先輩や後輩はもちろん、プライベートにおける友人や知人、そして最愛の家族、すべてに対する共通の想いです。この30年のホテリエ人生、もちろん、すべてが順調にここまできたわけではありません。現場ではレストランのマネージャー職を担っていた頃など、お客さまへのお詫びの際にホテル側の不手際の度合いによっては土下座をして許しを乞うたことなど何度もあります。その土下座をしているところに頭からビールをかけられたこともあります。ですが前述の通り、一度たりとも「屈辱だ」「辞めたい」などと感じたことはなく、そのような状況下にはいつも、「さて、どうすればこのお客さまにホスピタリティの本質を理解してもらうことができるか」を考えながらビールをかけ続けられたものです。ホスピタリティの原点は、「対等となるに相応しい相互関係を築く」ところから始まります。そのような想い、そして自身のホスピタリティ論をしっかりと確立することができていたからこそ、この仕事が楽しくて仕方がなく、今も今までも、そしてこれからも「この仕事を続けていく想い」に変わりがないのです。

頭で考え、心で感じ、「何をするか」ではなく「どのようにするか」を、1日24時間、1年365日考え続け、その結果が目に見えて跳ね返ってくるからこそ「人間力＝人間としての総合的な魅力」が高まるのだと確信しています。20年後、世界の職種の約50％は人口知能を有するロボットに取って代わられる時代がくると言われています。機械的、機能的ではなく、「情緒的な接遇」を最大の武器とする「ホテリエ」という職種で、あなたの人間力を高め、生涯の幸福を手に入れませんか。

これから必要とされる
次世代の人財とは

大和リゾート株式会社
代表取締役社長　柴山 良成　YOSHINARI SHIBAYAMA

1984 年大和ハウスグループである大和団地株式会社に入社、2006 年大和ハウス工業株式会社執行役員営業本部マンション事業部推進部長、09 年スポーツクラブ NAS 株式会社代表取締役社長就任（現職）。就任一年目から当時の赤字経営から黒字へと脱却。13 年大和リゾート株式会社代表取締役社長（兼任）、14 年ダイワロイヤルゴルフ株式会社非常勤取締役（兼任）となる。15 年度大和リゾートとして過去最高益を更新。

※写真は南房総富浦ロイヤルホテル　エントランス・ロビー「トネリコプラザ」

２０１３年に大和リゾート社長就任当時、スタッフが第一であることを掲げ、固定概念に埋もれたホテル文化から脱却するために、もっと文句（意見）の言える環境、特に若手スタッフが提案しやすい環境を整備することと、現場に赴けば必ず若手との座談会を実施し、若手の本音を引き出してきました。

そして抜本改革を実施するために、経営理念を策定し、明確な経営方針・ビジョンをスタッフと共に共有し、２０１５年度の業績は過去最高益を更新することとなりました。

しかし、そうした達成感に浸ることのないよう、今でも一貫して言い続けていることがあります。すべての活動における物事の判断は〈人として〉・〈世界基準〉で考えること。過去の慣例や固定概念に囚われるのは愚の骨頂であり、例えば日本では贈り物を渡すときに「粗末なものですが」、

「お口に合わないかもしれませんが」等、謙虚に振舞うことが美徳とされてきました。しかしながら前記の振舞いは世界（70億人）のうち、日本（1億人）の中だけの文化であり、他国では受け入れられない。だから私は「ホテルかくあるべき」の考え方を撤廃し、世界基準での考え方を身につけることを言い続けています。

「今までやっているから」、「皆がやっているから」、「会社のルールだから」は馬鹿げた基準であり、正しい判断基準を持ち、「答を探す」のではなく、《答をつくる》ことが重要であることを言い続けています。世の中の求めるものが多様化するように、ホテルの対応も時と共に変化し続けなければなりません。それは一人ひとりが、《自ら考え、自ら行動》しなければならないということです。

この先東京オリンピックが控えていますが、この1～2年は経営環境が踊り場に入る可能性が高く、どのような経営環境になろうとも、〈やる気と情熱〉を持って、自分自身そして会社と共に成長しようと考える人財が必要であり、そうした人たちが集結し、一生懸命に一緒になって戦っていくことが、企業の更なる発展に寄与することは間違いないと思います。

次世代を担う若い人たちが、これからの未知なる時代を強い志を持って、切り拓いていくことを期待しています。

「71歳のホテルマン」より

金沢ニューグランドホテル
代表取締役社長　庄田 正一　SHOICHI SHODA

1945年生まれ。68年法政大学卒業。株式会社大和入社。72年金沢ニューグランドホテル出向。99年常務取締役総支配人、2003年代表取締役社長を経て現在に至る。金沢ホテル懇話会　会長、(一社)日本ホテル協会中部支部　監事、金沢ＭＩＣＥ推進協議会　会長、(公社)石川県観光連盟　副理事長、北陸経済連合会(広域観光推進委員会)理事。

今や日本はかつての青春時代から成熟時代を迎え、就業人口は製造業からサービス業へ特に医療、福祉そして宿泊、飲食業へと移動し、いわば自動車産業から観光産業への時代を迎えつつあります。

観光もますます、産業化が進み「見て、食べて、遊ぶ」から「体験し、交流し、学ぶ」とキーワードも観光から文化創造へと進化しつつあります。

また、従来の歴史(ヒストリー)ツーリズムに加えて、食材(フード)ツーリズムそして農業(アグリ)ツーリズムとまさに本当の日本の良さが見直され、求められる時代となりました。

これまではデフレ経済による不況下、乱気流の中、われわれベテランホテルマンの汗と知恵で何とか乗り切ってまいりました。しかし、よく「失われた20年」と言われますが何が失われたのでしょうか、物価も給料もあがらない中、高品質やサービスの充実だけが求められ企業はコストカッターで対応してまいりました。その結果、人材力が失われました。早急に産官学共同で女子力を含め人材力を高めていかねばなりません。

また、一方これからは２０１５年の北陸新幹線金沢開業を機に２０１６年の北海道新幹線函館開業、２０１９年のラグビーワールドカップ開催そして２０２０年の東京オリンピック・パラリンピック開催、やがて２０２７年のリニア中央新幹線名古屋開業、２０３０年の北陸新幹線大阪開業、北海道新幹線札幌開業へと観光立国、日本のインフラ整備が大きく進められてゆきます。

今こそリオデジャネイロ五輪のように「攻め」の若手ホテルマンに「応援」するシニアホテルマンが一体となりいわば主役と脇役が一つとなりお客さまに感動を与え世界に挑戦しはばたき成果をあげるときであります。

まさにこれからは、どれだけ自分で語れるかという「ブランド力」より、ＳＮＳ等を通じどれだけ他人に語ってもらえるかという「メディア力」の時代であり、若者の力が期待され試される時であります。

さあ！　勇気ある一歩を力強く踏み出してください。信じて待ってます。ありがとう。

71歳のホテルマンより

HOTELIERS OF JAPAN
LET US WELCOME THE WORLD

株式会社ホテル日航大阪
代表取締役社長・総支配人　ジャン・W・マーシャル　JAN WILLIAM MARSHALL

1980年Paul Smith' s College, Hotel Administration、83年University of Nevada, Science in Hotel Administration卒業。96年ホテル・ニッコー・サンフランシスコ 宿泊部長、97年 デュシット・ホテル・ニッコー・マニラ 総支配人、99年ホテル・ニッコー・ダーリン・ハーバー・シドニー 総支配人代行、2000年ホテル・ニッコー・バリ・リゾート＆スパ 総支配人、04年アコージャパン株式会社運営部長、ホテルソフィテル東京総支配人を経て、08年株式会社JALホテルズ（現株式会社オークラ ニッコー ホテルマネジメント）入社。09年同社、執行役員運営本部副本部長、10年ホテル・ニッコー・ジャカルタ 総支配人、その後12年6月より現職。

日本で働くわれわれは、ホテリエとしてとても幸運だと感じます。

日本のホテルが、洗練された料理、美しい景色、そして多様な宿泊施設を擁していることで、世界中から訪れるお客さまを心から歓迎し、おもてなしすることができるのです。

それに加えて、日本のホテルの最大の価値は、ホテリエたちが日本らしい高いレベルのホスピタリティを持っていることだと感じます。私はホテル業界に入って以来、アメリカ、東南アジア、日本等15以上のホテルで勤務し、あらゆる部門を経験しましたが、日本で働くスタッフはいつも仕事熱心で、お客さまに献身的に尽くし、同僚と力を合わせ、常に状況を改善しようという意欲がある素晴らしい人材です。

その様な日本の素晴らしいホスピタリティを持って観光立国を実現し、日本を訪れる多くの観光客にその素晴らしさを伝えるために、将来ホテリエを志す学生たちには、教育機関においてよりハイレベルな英語教育がなされることを期待したいと思います。東京オリンピック・パラリンピック開催、そしてそれ以降の将来に向けて世界各国の方々をお迎えするために、語学の面でも万全な体制を整えることができればと感じています。

われわれのホテルでは、多言語対応を推し進めることに併せて、新入社員研修はもちろん、すでに経験を積んだ社員たちにも改めてサービスやコミュニケーション等さまざまなトレーニングを実践しています。接客、調理、営業、管理等部門を問わず社員一人ひとりが成長し、自身の能力を最大限発揮し、それがいずれホテルの将来につながればと考えています。

ご存知のように、ホテルには日々、国内外からさまざまなお客さまが、さまざまな事情で、それぞれに期待を抱いて来館されます。お客さまは一人として同じ方はいらっしゃらず、リピーターのお客さまでもその時々で前回とまったく同じ気分、状況であるとは言えません。その様なお客さま、お一人おひとりに寄り添い、目には見えない期待を察知し、それにいかに応えられるか模索し、二度と同じ状況はやって来ない尊さや、喜んでいただける喜びを感じながら働く、ホテリエとは本当に心躍る仕事です。現在ホテリエとして活躍されている方々や、これからホテル業に従事しようとされている方々皆さんと共に、ホテル業界を今後ますます発展させて行けることを期待しています。

若いときこそ、積極的にチャレンジを

IHG・ANA・ホテルズグループジャパン　エリア総支配人
兼 ANA クラウンプラザホテル大阪 総支配人　十楚 晃昌　MITSUAKI JUSO

1955 年 9 月 23 日大阪府生まれ。神戸 YMCA 国際ホテル学校卒。ヒルトン大阪、ヨコハマ グランド インターコンチネンタル ホテル、ホテル インターコンチネンタル 東京ベイ等で勤務の後ヨコハマ グランド インターコンチネンタル ホテル 総支配人、ANA クラウンプラザ福岡の総支配人を務めた。その後 ANA クラウンプラザホテル広島の総支配人、後に IHG・ANA・ホテルズグループジャパン エリア総支配人 西日本地区、16 年 4 月より IHG・ANA・ホテルズグループジャパン エリア総支配人 兼 ANA クラウンプラザホテル大阪 総支配人に着任。エリア総支配人として、千歳、大阪、岡山の ANA クラウンプラザホテルを統括する。

8月に開催されたリオオリンピックは日本人選手の活躍もあり、大いに盛り上がったと思いますが、東京オリンピックの際、われわれはホスト国としていかに海外のゲストをおもてなしできるか世界へアピールするチャンスだと捉えています。

そういった意味では、今後の4年間でいかにホスピタリティ精神溢れる優秀な人材を育成できるかがわれわれの課題です。国際化が進む昨今、ホテルの語学力は必要不可欠なスキルであり、今後も力を入れていかなければならないと考えています。英語は話せて当たり前で、第二外国語、特に中国語に関しては近年の訪日外国人比率を鑑みると英語以上に強化しなければならないと思います。例えば、日本語を話せる中国人は大勢見かけますし、採用の際も応募は多数あります。対して、中国語を話せる日本人となると極端に少なくなります。生まれながらに日本という文化を肌で感じて育った若い人たちにはぜひ、英語や中国語など外国語をマスターし、活躍してほしいと願っています。そして、自分たちの生まれ育った日本の魅力を異なる文化のゲストに伝えてください。

私たちのホテルは世界有数のグループホテルIHGですが、IHGはイギリスの本社を中心に、ヨーロッパ、アメリカ、アジア・中東・アフリカ、そして中国という4つの地域に分かれて展開するインターナショナルなホテルチェーンです。

IHGのようなさまざまなブランド展開をしているホテルチェーンでは、人材育成やキャリア開発も活発に取り組んでいます。

例えば、パリのインターコンチネンタルで料飲部長が空席になっているとします。そういった場合、まず世界中のグループホテルの中に適した人材がいないかをリサーチすることができます。仮に日本のANAクラウンプラザホテルに語学が堪能で転勤に対応できる人材がいて、本人がキャリアアップの希望を持っている場合はチャレンジする事が可能です。もちろん、思い切ったキャリアアップの機会をつかむには、本人が日々努力し上司がその努力を認めることは必要不可欠ですが、十分可能性はあります。グループでキャリアアップし世界で活躍する先輩を見ると、自分にも可能性があることを実感できます。そして、若いスタッフはもっと自身を成長させたいと思うようになり、好循環が生まれるのではないでしょうか。

ハーバード大学やオックスフォード大学に合格する日本人学生は年々減少傾向にあると聞きます。若い時にこそ、積極的に海外へ進出してさまざまな経験を積んで欲しいと思います。

これからのグローバル化を牽引する人材は失敗も成功も経験が豊富でなければなりません。どんな壁があっても乗り越えて行こうという意志や豊かな人間力が、日本の財産になるのではないでしょうか。

人材ではなく人財、人は財だとよく言います。やる気に満ちた若い人材を採用し、その先の自分を見据えて成長させる事が今後の育成では重要なことだと考えています。

紳士・淑女におもてなしする私たちも紳士・淑女です

The Ritz-Carlton Hotel Company, L.L.C. ヴァイス・プレジデント 日本／韓国
ザ・リッツ・カールトン東京 総支配人
ジョン・ロルフス JOHN R.ROLFS

ザ・リッツ・カールトン ヒューストン料飲部のエグゼクティブ・アシスタントマネージャーとしてザ・リッツ・カールトンでのキャリアをスタート。その後、世界中のザ・リッツ・カールトンホテルでエリア支配人やエリア副社長に就任、2016年で勤続25年を数える。1996年、ザ・リッツ・カールトン大阪の開業時に総支配人として就任し4年間を過ごした後、14年2月に再び来日、ザ・リッツ・カールトン東京の総支配人に就任。コーネル大学ホテル経営学部卒業。

〝紳士・淑女におもてなしする私たちも紳士・淑女です〟――このモットーこそ、ザ・リッツ・カールトンにおいて、ゲストの皆さまに思い出深い、ラグジュアリーなホスピタリティをご提供すべく努める社員一人ひとりのやる気を引き出す言葉です。

このモットーはまた、私と共に働く紳士・淑女たちが業界でもトップクラスのサービスのプロであることを思い起こさせてくれます。ザ・リッツ・カールトンの揺るぐことなき〝サービス・バリューズ〟は、この会社が世界中でラグジュアリー体験の提供者として業界を牽引し、また社員にとって最も働きがいのある会社であり続けることを確信させるものです。

ザ・リッツ・カールトンでは、ゲストへおもてなしをご提供する上で、社員である紳士・淑女が最も大切な資源であると認識しています。〝サー

ビス・バリューズ〃の一つ、〃私には、絶えず学び、成長する機会があります〃を実践することで、紳士・淑女たちは会社と共に、常に学び、成長する機会を得るのです。

この度、週刊ホテルレストラン創刊50周年記念企画に参加の機会をいただけましたことを光栄に存じます。この場をお借りして、ホスピタリティ業界についての深い洞察、そしておもてなしのプロたちが紡ぐ数々の素晴らしい物語を発信し続ける週刊ホテルレストランさまへ、心からの賞賛をお送りいたします。

そしてこれからも日本で、そして世界で、ラグジュアリーホスピタリティ業界のさらなる成長を使命とする私たちのファミリーに、新たな紳士・淑女が加わってくれることを楽しみにしています。

日本には
世界に認められる「おもてなし」
そして「真心」がある

THE HIRAMATSU HOTELS&RESORTS
代表取締役社長　陣内 孝也　TAKAYA JINNAI

1965年生まれ。87年10月㈲ひらまつ亭(現株式会社ひらまつ)入社。料理人として入社後、サービス人としての資質を見出されサービス人に転向。29歳にして「レストランひらまつ」広尾本店のメートル・ド・テルに就任後、長きにわたりひらまつのサービスチームを牽引。2003年4月執行役員就任。12年大阪「ラ・フェット ひらまつ」の立ち上げに従事し、関西におけるひらまつブランドの確立に成功。13年12月取締役兼執行役員就任、14年5月取締役レストラン事業部ディレクター・ジェネラル就任。16年6月代表取締役社長就任。

「ひらまつ」は1982年の創業以来、レストランを中心に成長してきました。35年の歳月をかけて培ったノウハウを土台に、2016年、「食」に重きを置いたホテル事業をスタートしました。ヨーロッパでは「オーベルジュ」と呼ばれる宿泊施設を備えた「滞在型レストラン」が多くあり、私たちはこのオーベルジュに日本の伝統的な旅館が持つ空気感、ホスピタリティを加えた「西洋旅館」をコンセプトにしたホテル作りを目指しています。では、それを作り出すわれわれサービス業に携わる人は何のために？　何を求め日々仕事に邁進するのでしょうか？

今や、日本の「食」や「おもてなし」は世界的にも評価されていますが、本当に心豊かな文化であると言いきれるでしょうか。何時でも、何処でも、美味しく、安価で手軽に食事ができる便利な時代になり、さまざまな「食」に溢れています。サラリーマンのランチ事情をみても、1時間足らずの中で数人もしくは一人で会話も無く食事をする日常があります。また近年の家庭事情の中では、一人で食事をする子供も増え、家族とゆっくり語らい食事を楽しむ機会が減っているのが現状です。近年ニュースで目にする少年犯罪や家族内での殺傷事件といった奇妙な犯罪は、信じがたい衝動が原因で多発しています。その原因の一つに日本の食文化も影響しているのではないかと考えさせられます。「人と食事をする」機会が失われ、会話を忘れた孤独な状況がバーチャルな世界でしか生きられない人間を作り出し、さらには一見豊かに見える日本の食文化が心貧しい人を増やしているのではないでしょうか。

われわれサービス業の使命は、美味しい食事、優しいサービス、心地よい空間を具現化し、大切な人と過ごす時間の尊さを再認識していただき、一人でも多くの方に伝えていくことです。「人が好き」「人に有難うと言われたい」等の理由でこの世界に入る方も多いと思いますが、本当に喜び感謝されるまでには多くの訓練と経験が必要です。厳しいこともありますが、それでも私たちの仕事は多くの人の心を満たし、世の中のためになる崇高な職業です。

何よりこの日本には世界に認められる「おもてなし」そして「真心」が根底にあります。思いっきりその心を自由に表現できるのが私たちの業です。ホテルはレストラン以上に深く長く目の前のお客さまに真心を伝えることができます。心も体も癒やされかけがえのない時間を大切な人と過ごす。そんな舞台をつくり演出していくのが私達のホテルにおける重要な役目です。このあたたかな心ざしを持った誇り高き若い方々が、日本の素晴らしい文化を武器に世界に発信していくことこそ、これからの時代には重要です。それによって、この業界がさらなる崇高かつ豊かな業界へと発展していくと信じております。時代は日々変化してもこの「心」は変わりません。

未来に向け、心に残る仕事を

株式会社東急ホテルズ
執行役員　マーケティング部長　末吉 孝弘　TAKAHIRO SUEYOSHI

1985年に鉄道会社に入社、生活関連事業を経て海外事業部にて海外に21ホテルを展開していたパンパシフィックホテル＆リゾーツの担当となる。この間、1年間日本生産性本部マーケティングスクールに通い、その後米国コーネル大学ホテルスクール・サマースクールにて海外のホテル運営とマーケティングを学ぶ。1997年パンパシフィックホテル横浜のオープニングからかかわり、同ホテルマーケティング部長、人事総務部長。2002年ハワイ島マウナラニリゾート社副社長。日本に戻り株式会社東急ホテルズにて、博多エクセルホテル東急の総支配人をはじめ、4店舗の総支配人を歴任。現在同社の本部にてチェーン全体のマーケティングを担当。この間さまざまな大学にて、ホスピタリティビジネスについてや、キャリアデザインに関する講演、講義多数。

今、ホテル業界にはかつてない追い風が吹いています。この傾向は、まだ7～8年は続きます。なぜなら、マーケットが確実に広がっていくからです。日本で今後成長し、大きくなっていく業界はデジタル関連とホスピタリティビジネスだと思われます。成長していく業界に身を置き、そこで経験するすべてのことは皆さんの将来の大きな財産となります。また、未だに古い雇用慣習の残る日本社会においても、唯一自分の活躍の場を求めて、さまざまなホテルを渡り歩き、必要とされ、いいポジションを射止め、チャンスを自分の手でつかめる数少ない業種であり、世界に通用し、世界で活躍できる仕事でもあります。

仕事をしていく上で大切な能力は、単に「頭（偏差値）」の良し悪しではありません。「地頭」がよくなければなりません。これはコンピュータでは答えの出ない問題の解決ができる能力です。そのベースとなるのが「感性」と「想像力（イマジネーション）・創造力（クリエイティビティー）」。これは生まれ持った才能ではなく、普段から「心」を鍛えることによって高めることができます。「心」は身体同様、動かすことにより鍛えられます。それは「感動」することです。今のうちにできるだけ多くの「感動」を得る活動をしてください。映画を観たり、美術館に行ったり、恋愛したり旅行をしたりです。

ある高僧が、人間が人生で最も重要でうれしく、生きがいを感じることとして、以下の4つを挙げています。

①人に愛されること、②人にほめられること、③人の役に立つこと、④人に必要とされること。

このうち、②〜④の三つはホテルの仕事で得られます。ホスピタリティ業界はまさに、これらを感じることのできる素晴らしい仕事です。

私たちホテル業は、部屋や食事を売っているのではありません。思い出を売っているのだと思っています。

ホテルの仕事とは、「生きるエネルギーを売る仕事」だと言った人がいます。まさに、豊かで幸せな人生をおくるために欠くことのできない仕事です。実は、私にはこの業界をもっと発展させなければならない想いと責任があります。なぜなら、最愛の娘二人もホテル業界に就職して最前線で頑張っているからです。よくぞこの素晴らしい仕事を選んでくれた、さすがは我が娘と誇りに思うと同時に、この仕事をしていて良かったと思いました。さらには娘たちを幸せにする義務を強く感じざるを得ません。そしてそれは、ホテルという仕事を通じてより多くの人の幸せにつながっています。「ホテル業の生む価値は幸せな時間」です。それは、お客さまにとっても自分や家族にとっても同じです。「いちばん大切なものは目に見えないんだよ」とは星の王子様の一節ですが、「目に見えない大切なもの」を扱う仕事、物や形としては残らないが、「心に残る仕事」をしていることに私はプライドとやりがいを感じています。

興味を持った数が
知識の引き出しとして蓄積され、
自分自身の魅力になる

ホスピタリティマネジメント株式会社
代表取締役社長　菅野 潔　KIYOSHI SUGANO

都ホテル東京、ホテル西洋銀座（開業準備室、オペレーションセンター、宿泊、予約セールス＆マーケティング、事業開発室の各マネジャーを歴任）、その後セゾングループとNTTの共同事業である国内初の総合会員制ホテル・ウラク青山の開業に参画し取締役総支配人を経て、2003年ホスピタリティマネジメント株式会社を設立。ホテル・旅館・レストランの経営改善、顧客満足改善および新規開業サポート、ミステリーショッパー、マーケットリサーチ、事業評価分析、人材能力開発、等を実施。ホスピタリティ産業全般のサポートを行なっている。

「皆さんには仕事が楽しいと思える瞬間」はありますか？

それは人に評価された瞬間、注目された瞬間、感謝された瞬間であり、さらには自らの達成感を味わった瞬間ではないでしょうか？

ホテルの仕事は、あらゆるお客さまのあらゆるシーンを演出することができる素晴らしいビジネスです。プロとして人生の楽しみを提供できる仕事はそうあるものではありません。

お客さまに受け入れていただくには、まずは皆さん自身が人間としての魅力を身につけることです。それは決して難しいことではありません。「広く浅く」でもよいので、仕事以外のことに興味と好奇心を持つことから始めてください。

ホテリエとしての業務知識も大切ですが、仕事以外に興味を持った数が皆さんの知識の引き出しとなり蓄積され、おのずと自分自身の魅力になります。その結果としてホテリエとしてはもちろんのこと、ビジネスマンとして価値が向上していきます。

私がホテル業界に就職した当時は、まだまだ未成熟な業界で、自らを「水商売」と言っている先輩方がたくさんいたのも事実です。私は自分が選択した職業を何とかして、「水商売→サービス業→宿泊産業（ホスピタリティ産業）」になってほしいと思っていました。そして今、ホテル業界は明らかに成長産業として世の中から注目され評価されています。

これからホテルを職業として選ぶ皆さんにお伝えしたいことは、ホテルや旅館を問わず、宿泊産業全般を「日本の基幹産業として牽引する」、という志を持っていただきたいということです。

宿泊施設は世界各国にあります。しかも何千年も前から存在し、これからも将来にわたって決してなくならない普遍的ビジネスです。

弊社はスタッフ全員がホテルの現場経験者で構成されているコンサル会社としては稀有な存在ですが、ホテリエの将来のキャリア選択肢として、われわれのような分野にチャレンジすることも可能です。私たちがやっていることは、非常に地味で地道なことの繰り返しです。「当たり前のことを、当たり前にやる」。一見、簡単そうなことですが、これを誠実に実行し、継続していくことが、いかに簡単ではないかということを、いつも痛感させられます。しかもそれを継続していくことが大切だということを、経験から強く感じています。

ホテリエとしてコンサルタントとして重要な要素は、「謙虚に誠実に相手の気持ちを受入れる」ことです。

皆さんの可能性は無限大です。その可能性を成長産業であるホテルというビジネスにかけてみませんか？

多様性と個性を活かし、ホテリエとして志を高く持ち、心豊かで幸せな社会をつくろう

株式会社グランビスタ ホテル&リゾート
代表取締役社長　須田 貞則　SADANORI SUDA

1977年12月、現株式会社グランビスタ ホテル&リゾートの前身である旧三井観光開発株式会社に入社。同社札幌パークホテル副総支配人、札幌グランドホテル副総支配人、鴨川シーワールド総支配人などを歴任。2007年7月、株式会社グランビスタ ホテル&リゾートに商号変更後、取締役副社長兼営業本部長、取締役副社長兼最高執行責任者（COO）兼札幌グランドホテル総支配人などを経て、12年4月に同社代表取締役社長に就任し現在に至る。一般社団法人日本ホテル協会理事、高速道路レストラン連合会会長、北海道経済連合会理事なども兼職。

グランビスタ ホテル&リゾートはホテルや旅館、ゴルフ場、水族館、高速道路のサービスエリア施設、有料道路などさまざまな事業を全国に展開し、総合ホスピタリティ事業者ならではの多岐にわたる事業実績と蓄積されたノウハウを活《い》かし、ニーズに合わせた運営受託事業やコンサルティング業務など多種多様な施設運営を行なっております。

当社は長年にわたり地域に根差し地域が必要とする事業を継承し、創造し、展開し、地域の発展と共に成長してまいりました。グランビスタのビジョンは「地域の価値で、未来を変えていく。」です。地域が持っている、地域から生まれてくる価値を国内外に発信する拠点となることで、多くの人々が集い、交流し、新しいつながりや文化に触れ合うことで自分らしさを再発見していただきたいと考えております。美しいものに素直に感動し、今持っているものに感謝をして、常に生きることの喜びを感じていただきたいのです。ホテル

での仕事は、お客さまからの反応がダイレクトに伝わり大きなプレッシャーやストレスになることもありますが、遣《や》り甲斐があります。

私たちは仲間の意見を尊重し合い、チームでお客さまがご満足できるシーンを創造し、「ありがとう」の一言を聞きたくて仕事をしています。お客さまと共に人として感謝と喜びの気持ちを分かち合うことが私たちチームの目的です。

これからの社会は少子高齢化の中、生産人口の減少が心配され、ロボットと人間が共存する社会が到来すると予測されています。ロボットの利用は、製造・生産、介護、災害・事故、セキュリティ、治安・テロ・兵器などさまざまな分野でニーズが高まると思いますが、ロボットでは満たされることのない、心の出会いが大切であると考えております。

地域社会に必要なことは経済への貢献はもちろんですが、魅力的な地域づくりであり、安全・安心のもとで健康的な生活、自然や動植物への配慮、そして人とのつながりや地域文化との出会いでより豊かな心になることであると思います。日本政府は、観光は国内経済を活性化する重要な産業であると期待しておりますが、私は、ホテルはホスピタリティ産業の中核として未来社会にとっては最も重要な位置づけにあると考えています。

私たちホテリエは、人々の心の豊かさや幸せな社会をつくるため「お客さまのありがとうの笑顔」を誇りに日々奮闘しています。

たくさんの経験をして、自分に合ったステージを見つけてほしい

ザ・ペニンシュラ東京
取締役 総支配人　ソーニャ ボドゥセック SONJA VODUSEK

オーストラリア出身。20 年以上におよぶラグジュアリーホテルでの経験を持つ。オーストラリアの名門ホテル大学であるブルーマウンテン インターナショナル ホテルマネジメント スクールでホテルマネジメントの学位を取得後、ロイヤルメルボルン工科大学で企業経営学を修了。2010 年、ザ・ペニンシュラニューヨークのホテルマネージャーとしてザ・ペニンシュラホテルズでのキャリアをスタートした後、11 年にザ・ペニンシュラマニラの総支配人に就任。15 年よりザ・ペニンシュラ東京の総支配人を務める。

皆さんがホテリエを目指す理由は何でしょうか？ 私は子供の頃から両親が自営業を営む環境に育ちましたので、「ほかの人を幸せにしたい」、「周りの人たちと楽しみを共有したい」という想いが強く、また、世界中を旅行して異なる土地で生活することが大好きであったということもあり、自然とホテリエを志すようになりました。ホテル業界で最初に仕事をしたのは日本で、最初の仕事はルームアテンダントでした。

ホテリエになった最初の頃から、「総支配人になりたい」と考えていました。オーストラリア、アイルランド、アメリカ、チェコ共和国、そして日本とさまざまな国で働く中で、その想いも強くなってきました。与えられた機会をすべて運命や幸運なことと捉え、選りすぐりせずに、仕事に邁進してきました。

皆さんにお伝えしたいのは、今、ホテル業界は本当に多くのチャンスに溢れているということです。世界に飛び出し、さまざまな土地で学

び、活躍することができます。そして、数多くの経験をした中で、本当に自分に合ったホテル、自分が好きなホテルを理解し、戻ってくることもできる時代になっています。そのためには、自分がホテル業界で何をしたいか、という考えが重要になってきます。

ホテルの仕事の魅力は、人と関わり、人と一緒に喜び合い、共に学び合えるということです。日々世界中からさまざまなお客さまがお越しになり、毎日が、一日として同じ日はありません。私も総支配人としてホテルの中を歩いて回り、スタッフやお客さまと交流し、チームミーティングを行ない、そしてオフィスで仕事をしています。朝から夕方までオフィスで座り続けるのではなく、さまざまな場所を回り、いろいろな人と関わることが好きなのです。

先ほどもお話をしました通り、ホテル業界にはチャンスが溢れています。皆さんもそのチャンスを生かし、さまざまな場所、そして職種で活躍してほしいと思います。私も世界のさまざまな国やホテル企業で働く中で、自分の好きなこと、自分のできることが見えて、そこでザ・ペニンシュラホテルズに出合い、総支配人となることができました。ザ・ペニンシュラホテルズは一族経営であり、小さな会社ですが、非常に家族的なあたたかい雰囲気を持つのが魅力です。だからこそ、ザ・ペニンシュラ東京は来年9月1日に開業10周年を迎えますが、約500名のスタッフのうち約150名のスタッフが開業から働き続けてくれていますし、私の前任地ザ・ペニンシュラマニラは今年40年を迎えましたが、開業から約40年働き続けているスタッフもいるのです。

ぜひ皆さんにはたくさんのホテル、企業を見て、知っていただきたいと思います。そして、一人でも多くの方がザ・ペニンシュラホテルズの価値観に興味や共感を持っていただければと願っています。皆さんにお会いできるのを楽しみにしています。

必要なことは「人と正しく接する」「人と正しくコミュニケーションが取れる」

ハレクラニ・ワイキキパークホテル
アジア地区担当シニアセールスマネージャー　高岡 一輝　KAZUKI TAKAOKA

1974年生まれ。97年大学卒業と同時に米サンフランシスコのホテルマネージメントカレッジ入学。在学中にホリデーインフィッシャーマンズワーフにて営業インターン、卒業後同ホテル宿泊部配属。その後、ザ・リッツ・カールトンカパルア宿泊部マネージャー、グランドハイアット東京宿泊部当直マネージャーを経て2004年にハレクラニ入社。コンベンションサービスマネージャー、ゲストサービス部部長を経験し、08年よりハレクラニと姉妹ホテルワイキキパークホテルのアジア地区セールスマネージャーに着任。現在に至る。

ホテルはさまざまな人々が行き来する華やかな場所であります。そしてロビーを颯爽と歩くスマートな姿から、ホテリエはあこがれの職業として見られがちです。

私はこの仕事は強い情熱と明確な目標、そして自らチャレンジ精神を持ち続けないと長続きできない職業だと認識しています。言い換えるなら、毎日新しい課題にぶち当たりそれを乗り越え、達成感のある、選ばれし者だけができる仕事なのです。

ホテル業界に従事したいと考える方たちの多くは、ある程度接客が得意であったり、人の役に立ちたいと考えているのではないでしょうか。そして入社後には諸先輩方やホテルマニュアル、またお客さまから多くを学び、成長することを望んでいると思います。

しかし私の経験や体験から言えるのは、この業界で働くのに不可欠なのは、勘が良く、先見の目が体に染み込んでいること。これらは自身が生まれ育った環境で培った「センス」そのものであり、またそのようなスキルを持つホテリエたちの存在が、これからのホテル業界発展に欠かせないだろうと感じています。

莫大な量の情報をインターネットで得ることができ、自らが体験しなくとも、その場所に行かなくても、たくさんのことが分かる時代です。相手に自分の気持ちを伝えることも、メール一つ送るだけで成り立ってしまいます。すでにPC上においては〝自分の意見は言えても人の前では話ができない若者が多い〟と聞きます。そんな世の中だからこそ、今後はもっと「人と正しく接する」「人と正しくコミュニケーションが取れる」ことが必要とされ、しっかりとした接客対応ができる人間が重要視されます。そういった意味ではこの業界の可能性や〝伸びしろ〟はまだまだ未知数であり、これから先多くの若者が活躍できるステージがあると思います。

今回の主旨は日本が観光立国となるための次世代の人材育成ですが、私としては一人でも多くのセンスある若き情熱あるホテリエが活躍できる環境を海外に作りたいと思っています。

勤労な日本人の気質、すでにわれわれの血の中に宿る〝おもてなし〟という文化的慣習は国外でも評価されていますし、もっともっと日本人ホテリエが海外でも認知されるべきです。私も微力ながら、そういうホテリエを輩出すべく今後も働き続けていきます。

「人が好きな方にこそ選んでほしい」

登大路ホテル奈良
総支配人　髙田 宏　HIROSHI TAKATA

1958年 兵庫県神戸市生まれ。81年 関西学院大学社会学部卒業、株式会社ロイヤルホテル入社。94年 宿泊部フロント課長。95年 総支配人室長代理。2002年 広報室長。06年 営業企画部長。08年 東京ロイヤルホテル常務取締役、都市センターホテル総支配人。11年 リーガロイヤルホテル東京総支配人。13年 リーガロイヤルホテル（大阪）副総支配人。15年 登大路ホテル奈良総支配人。現在に至る。

最初に私の働く登大路ホテル奈良について簡単に紹介します。

「ホテル」には、規模、ターゲット、用途などによってさまざまなスタイルがあります。その中で当ホテルは、富裕層をターゲットとしたわずか12室、文字通りのスモールラグジュアリーホテルです。ミシュランガイド奈良にて、エリア最高となる「4赤パヴィリオン（最上のくつろぎ）」を5年連続で受賞しています。

コンセプトは「大人が寛げるホテル」。

このコンセプトのもと、最高の施設・サービス・料理を提供しています。大切にしていることは、初めてのご宿泊でも我が家に帰ってきたなと感じていただけること。リラックスして楽しんでいただければと思っています。

そのために、私たちはしっかりと準備をします。お客さまがどういう目的でお越しになるのか、何を求めていらっしゃるのかを事前にお伺いし、準備に時間をかけます。すべてのお客さまの顔の見える小規模ホテルだからこそ、できることだと思います。ホームページを一新した際も、「問い合わせ」項目を一工夫し、お客さまのご要望をできるだけ事前に察知できるようにしています。

ただ、準備段階で得られた情報と実際にホテルにお越しになった際の気持や状況が変化していることはよくあることです。それはお客さまと対面して初めて分かること。事前準備だけに頼らず、お客さまのご要望を想像し引き出す力が必要です。コミュニケーション力、人間力といえるかもしれません。

ホテルの仕事は、お客さま満足を追求し、リピーター（ファン）を増やし、売上・利益を最大化させること。そこで問われるのが、この人間力です。

サービスが「好」であることは必須ですが、同様に人に興味がある方にこそ選んでほしい業種です。サービスを極めるもよし、マネージメントに進むのもよし。世界を相手にもできますし、地域密着でやっていくというのも可能です。本当にさまざまな可能性のある業種だと思います。皆さんの熱いチャレンジをお待ちしています。

常識を疑い、殻は破る！ 慣習に染まる前の若いあなたこそができる！

ホテル日航関西空港（エアポートホテル運営企画 株式会社）
代表取締役副社長 総支配人　髙橋 信行　NOBUYUKI TAKAHASHI

大学卒業後、通信機器メーカーにて新規に国内小売事業の立ち上げを経験後、人と接する楽しさを求めて、伊豆のリゾートホテルに転職。料飲、フロント、営業職を経て、1995年日本料理なだ万に入社、国内店で経験を積み、ニューヨーク店マネージャー、都内での新業態店舗ジパングの立ち上げ・経営などに携わり、2006年(株)JALホテルズ入社。本社運営本部にて料飲企画部、海外運営部、ホテル日航ジャカルタ料飲部長、国内運営部、運営企画部部長時代にはCS、ES等に関するチェーンインフラ整備の道筋をつけ、12年4月ホテル日航大阪副総支配人、同年10月よりホテル日航関西空港総支配人。以後、組織並びに販売戦略の刷新を断行、年々増収増益を達成。13年度～15年度チェーン史上初の3期連続業績部門最優秀成績賞を受賞。15年度CS向上優秀ホテル部門 グランプリ受賞。

私たちのホテルには毎日800人を超えるお客さまが宿泊されます。スタッフは宿泊・料飲合わせても総数150名ほどですから、すべてのお客さまに対して同一のサービスを等しく提供することは不可能です。しかし総合サービス型ホテルとして、ひたすらにそれを実現しなければならないと信じられてきました。お客さまご来館時の対応を例に挙げれば、スタッフが揃っている際に来館された運の良いお客さまはベルスタッフが付き添ってお部屋までご案内しますが、係が出払った際にご来館のお客さまは不運にもご自身で荷物を持ち、長い廊下を部屋に向かわれていたのです。

お客さまから見れば来る度に運や不運で受け得るべきサービス内容が左右されるのは到底納得できる話ではありませんので口コミ評価は下がる一方でした。片やスタッフの側でも完璧にできる筈もない任務を何とかせよと命じられ、お客さまからのプレッシャーと苦情の最前線で、諦め感と共にモチベーションが低下していきました。私はC

S向上会議の場でサービスの在り方について常識の殻を破ってみてはどうかと投げ掛けました。すると異業種出身の社員から、旅客機の客席は料金、広さ、付帯サービス内容が紐付くのが一般的ですので、この考えをホテル客室に応用してはとの提案が出たのです。サービス重視、価格重視と多様なお客さまが混在する空港ホテルはそれに応需した仕組み作りが不可欠でしたし、空港ホテルだから尚更分かり易い！ と即決でした。議論と準備を重ね、客室はファーストからエコノミーの4タイプとし、レストランには料飲スタッフの発案で上級クラス専用のゆとりある朝食空間が誕生しました。来館時対応も上級クラスのお客さまは専用レーンで手続き後、係が同行してお部屋に向かい、エコノミークラスのお客さまは原則ご自身でお運び頂くというようにサービス区分が明確になり、納得感とCSの向上が図れました。スタッフはすべてのお客さまに対応せねばという重圧から解放され自然と笑顔や会話が弾み、ESが向上しました。さらに業務の選択と集中が実現したことで生産性が上がり、総労働時間数も短縮され、結果収益性まで改善することができたのです！

この事例は、ホテルはサービス内容を料金の多少で差別してはいけないのか？ 採用難時代にすべてのお客さまに同一サービスを提供し続けていくことは可能か？ 料金の異なるお客さまに同一サービスを提供することは公平なのか？ これまで囚われていた常識に対し、皆が真剣に挑み、議論し、そして殻は出ても良いのだと知る良い機会となりました。決して高いとは言えないホテル業界平均賃金の要因として、国内ホテル全般の低い生産性が指摘されますが、まだこうした眠れる改善余地がたくさんあると思います。この業界は少子高齢化時代に外貨獲得で国益を担う成長頭として期待されるだけでなく、収益面でも潜在性を秘めた「宝の箱」だと思います。慣習に囚われない若く新鮮で柔らかい皆さんの発想力こそがその「宝箱」を開ける鍵だと私は確信しています。

未来のホテル業界の牽引者に望むこと

ＡＮＡクラウンプラザホテル釧路
取締役総支配人　髙橋 将文　MASAFUMI TAKAHASHI

1997 年に旧釧路全日空ホテル入社後、営業部長・サービス部長を経て 2013 年ＡＮＡクラウンプラザホテル釧路にリブランド時より現職。

長年ホテルで従事している中でホテル業を志す人の資質として一番大切なことは、「お客さまに喜んでいただくことが何よりも嬉しい」と心から思え、ホスピタリティ精神を持っているかだと思っております。ホテルはハードも大切ですが、結局はソフト、「人〜ひと」です。

安倍内閣は「日本再興戦略２０１６」の中で訪日外国人旅行者数を２０２０年東京オリンピックの年に４０００万人、２０３０年に６０００万人を目指すという成果指標を掲げております。外国人旅行者が増えれば、それに伴い宿泊施設数も増え、人員の確保も必要になっていきます。昨今、私どもの地方都市ホテルにおいても苦戦しているのが現状です。

企業説明会等で学生たちと話す機会がありますが、ホテルを志望している人の多くがコンビニやファストフードでアルバイトをしていることに驚かされます。同じサービス業でもコンビニやファストフードのように気楽に働ける環境を望んでいるのか、「ホテル」というとお高いイメージがあり、ハードルを高く感じていてこのホテル業界が敬遠されてしまっている気がします。

　当ホテルでは、毎年2回、4月と10月に道内のビジネス専門学校と調理師学校と情報の交換を行ない、インターンシップやホテル見学の受け入れを積極的に行なっております。やはり、インターンに来た学生たちは実際に現場で働いてもらうことでかたいイメージやお高いイメージを払拭することができ、他の企業より、関心を持っていただき、採用試験に足を運んでもらえるようになります。実際にお客さまと接することで楽しい、嬉しいと感じてもらうことが大切だと思っております。

「ホテル」はあらゆるサービス業、ホスピタリティ産業の頂点であると言われておりますが、すべてはおもてなしの心を持ったスタッフの集まりです。何よりもその心が大切だと思っております。

国際化が進でいるホテルでは多くの外国の方と接することも多く、普段話すことのできないVIPの方々をお迎えすることもあります。

　お客さまから観光地やレストランなどいろいろと尋ねられることがあります。そのときにガイドブックから引用するのではなく、実際に自分で足を運んで自らおいしい、きれい、素敵など感じたものをお客さまに伝える方がより説得力があります。常にあらゆる情報にアンテナを立て、興味を持ちお客さまのためになるものを探すこともホスピタリティにつながってきます。「明るく元気で笑顔」が8割、残りの2割は常に新しいものに興味を持ち、自分で試してみようという「積極性」です。そんな若い「人」に今後のホテル業を引っ張ってもらいたいと思っております。

就職前に学ぶこと

赤倉観光リゾート＆スパ
支配人　田子 直樹　NAOKI TAKO

1964 年生まれ。株式会社松下興産が運営していた観光部門に 87 年開業の妙高パインバレープリンスホテル開業スタッフとして入社。86 年より（旧）守口プリンスホテル（現ホテルアゴーラ大阪守口）宿泊部門ロビーサービス係勤務を経て、87 年開業に伴い現地へ。宿泊部門から営業、ブライダル、ホテル支配人と同ホテル勤務。途中、ブリスホテルよりロイヤルパインズへホテル名変更。妙高パインバレーロイヤルパインズホテルがアパホテルへの事業譲渡に伴い退職。2006 年株式会社赤倉観光ホテル入社。営業担当を経て 14 年より現職。株式会社赤倉観光ホテル支配人。

学校説明会においてしばしば「就職する前に何を勉強しておいたらよいでしょうか？」という質問を頂戴いたしますが、その度ごとに「その目指されている部門の専門的な知識の習得への努力と、目の前の授業を一生懸命勉強してきてください」とお答えさせていただいております。〝ホテリエになるには、それをやるだけでよいのだろうか〟と不安になられる必要はございません。ですが〝どうしても、もっと勉強したい〟という方がおられましたら、以下の二点をアドバイスいたします。どちらもごく簡単なものです。

一つは「ネットサーフィン」です。ウェブを通してさまざまなホテルや観光地を手軽に視察することができ、また多くの情報も得られますので、雰囲気や知識の習得に役立つと思います。

もう一つは「観察力に磨きをかけるための思考を持つ」を心掛けることです。推理探偵になったつもりで、と付け加えて申し上げます。観察力の向上は、技術習得や先を読んだサービス・業務を可能にする手助けになります。例を挙げて、もう少し分かりやすく説明いたしましょう。

料理を作って皿に盛るという作業の場合、料理を作っている間かその前に、料理を乗せる皿の準備をするという動作が求められます。つまり、役割分担はあるにしても「オーダーが入ったら皿の準備をする」というのが一連の業務になるのです。

次に、あなたがロビーに配属されたとします。ロビーに入ってこられたお客さまがレストラン利用かその他の目的か、観察してみるようにしてください。やがて「時計を気にしながら来館されたから待ち合わせだ」というように、動作や特徴などを覚える癖がついてきます。そしてそのお客さまのために何かできることはないかと考えてみる。これも先を読む動作の一つです。これらの流れをその他すべての動作に見出して実行すれば、次の仕事を言われる前にする、いわゆる〝気が利く〟という評価につながります。

以上のことは、実はどんな職種においても、情報収集や先を読むという点で役に立つと思います。また、ホテリエの仕事に照らし合わせるなら、「実体験を重ねていくにつれて、より一層素晴らしい成果を生む」と私は思います。

ホテリエは、こういった〝財産〟を先輩からだけではなく、お客さまからも自然に教えていただける環境にあります。またホテリエというのは、それらを活用することによってお客さまに「笑顔」と、時には感動を提供できる素晴らしい職種だと思います。

「人」が「笑顔」で迎えてくれる場所をつくり続けていく

ホスピタリティパートナーズグループ
代表　田中 章生　AKIO TANAKA

1967 年 3 月生まれ。91 年早稲田大学政治経済学部経済学科卒。同年株式会社大京入社。在籍期間中に不動産鑑定士資格取得のため現三菱 UFJ 信託銀行に出向。98 年ローンスターグループのハドソンジャパンエルエルシーに入社。米系不動産投資ファンドの立ち上げに参画。ホテル投資部門を立ち上げ、42 棟に投資を実行。チサンホテル事業家管財人代理としてターンアラウンドを主導し、ソラーレホテルズアンドリゾーツを設立。2005 年 7 月株式会社ホスピタリティパートナーズおよび株式会社ホスピタリティオペレーションズを設立し、代表取締役に就任。現在に至る。不動産鑑定士／行政書士／宅地建物取引主任者。

学生時代、スキー場で住み込みの仕事をしたり、ホテルの配膳会で働いたり、ホスピタリティ業でのアルバイトに明け暮れました。社会人になりたての頃、全国各地のホテルに出張で泊まることが多かったのですが、なぜか自分の心の中でホッとするホテルがありました。それはスタッフの方がいつも「笑顔」で迎えてくれる場所でした。ホテルは設備や施設よりも「人」だと強く感じたことが、今日の原点となりました。

米系の不動産ファンドで、ホテル運営会社を設立したとき、経営サイドから関わりました。けれども短期的な利益目的でホテルを投資対象として売買していく手法に、徐々に疑問を感じ始めました。ホテルをご利用されるお客さまや、働く仲間、そしてホテルを育んでくれる地域社会と、もっと長期的であたたかい関係を築きたい。それが、私がスマイルホテルを始めた「想い」です。

ホスピタリティ業界の仕事を続けてきて感じる一番の魅力は、やはりお客さまの喜びを目の前で感じられることにあると思います。目の前のお客さまへ心を込めて一生懸命おもてなしをすることで喜んでいただき、また来てくださる。時にはお叱りを受けることもありますが、真摯に対応していくことでリピーターになっていただけることも多いのです。ホスピタリティには正解がないからこそ面白いですし、いかにお客さまに「また来たい」と思っていただけるかどうかに尽きると思います。

心から笑顔が溢れる場所を提供し続けるためには、まずはスタッフが安心して、自分らしく輝ける環境がかかせません。当社では接客部門だけでなく、企画立案や、販売戦略、施設管理など幅広く経験を積むことで、ホテルマネジメント力を身につけ、結果的に安定した運営が実現しています。そして何より大切にしていることは、スタッフ一人ひとりのアイディアを大切にし、心の中にあるホスピタリティを体現できる環境を整えることですね。

東日本大震災のとき、あるお客さまからコメントをいただきました。

「いつも僕は5つ星ホテルに泊まります。でもたまたま宿泊したスマイルホテルで、『ホテルの本当の価値は何か』を知りました。スタッフの方たちは自分の家族が行方不明というときにもかかわらず、私たちに対して最善を尽くしてくれました。見てくれや食事や設備が優れているとかそういうものではなく、ホテルの価値は人が困っているときにどれだけ親身になって行動できるかというホスピタリティの心だと思います」

この想いと新しい仲間達と共に一つでも多くの笑顔を生み出していけることを願ってやみません。

ホテル業は90%が「人の力」で持っている

KPG HOTEL&RESORT
取締役社長 兼 COO　田中 正男　MASAO TANAKA

1961年生まれ、大阪府出身。法政大学経営学部卒業後、84年東京ヒルトン入社。89年リージェント・シンガポール、91年リージェント・台北にて営業部支配人歴任。97年マナアイランドリゾート&スパ副総支配人。その後、国内の主要ホテル支配人・部長を歴任。2005年マナアイランドリゾート&スパ上席執行役員総支配人。13年KPG HOTEL&RESORT沖縄統括総支配人。15年同取締役社長兼COO就任、現在に至る。

私は35年間ホテルで働いています。そのうちの約20年を海外5カ国で働きました。ホテルキャリアは大学1年生のとき、横浜のホテルでハウスキーピングとしてのスタートでした。専門はセールス&マーケティングですが4カ国で総支配人をしました。

ホテリエとして特に誇りに思っていることは、7つのホテルの開業に携われたことです。産みの苦しみを超えた仲間との団結は何ものにも替え難いものです。50歳代半ばになりますが、ホテリエとは究極に人間味あふれるビジネスであると実感し、毎日楽しく働いています。

しかし、楽しいだけではなくさまざまな「壁」も同時に越えてきました。若い頃に働いたシンガポールでは自分の英語が通じず、給料も安くて屋台で1ドルのチャーハンを家族で分け合いました。フィジーにいた頃は2回のクーデターを体験し、国の機能がすべてストップしました。当然、情勢不安の国に観光のお客さまなど来るはずもありません。その中で私が思ったのは、「ホテルというのは平和産業である」ということです。そして私の持論では、ホテル業は90％が「人の力」で持っています。近年、豪華なハードやITを活用した素晴らしいホテルがありますが、やはり最終的には「人の力」が重要と考えています。

私は、ホテリエは世界一働きがいのある仕事であると自負しておりますが、ホテル業界では人材確保に苦慮する場面が散見されています。

KPG HOTEL&RESORTでは、新入社員の方からベテランの方まですべてのスタッフの心に寄り添ったコミュニケーションを図り、楽しく喜びを持って働ける職場環境を醸成することが、人材不足の解消へとつながると考えています。そして、「Delight for all」お客さまの喜び、オーナーさまの喜び、スタッフの喜び、皆の喜び。文章にするのは簡単ですが、それを実現していくためトップマネジメント側が一人ひとりを気遣い、皆が仕事を通して『喜び』を見つけられるようにしていかねばなりません。幸い２０１３年10月に私が入社して以来、新入社員の離職率がほぼ０％という嬉しい結果も出ております。

将来のトップマネジメント育成のために本当に注力し発足した人財育成グループも３期目を迎え、ローカルスタッフの方がその土地土地で総支配人やトップマネジメントになれるように真剣に考えて育成しています。

このように、組織の底からスタッフを支えていくのが社長であり、総支配人だと感じています。16年４月には沖縄県恩納村の「Kafuu Resort Fuchaku CONDO・HOTEL」に新棟がオープンいたしましたが、沖縄の方がその「ハード」に憧れるのではなく、喜びあふれる「職場」に憧れるようにすることが一番大事です。また、そのような環境を作ることこそが、私がホテルで働く意味であり、意義であると思っています。

「1＋1」から「100」の感動も。だからこそ、ホテルの仕事は面白い！

株式会社ロイヤルホテル常務執行役員
リーガロイヤルホテル（大阪）総支配人
田辺 能弘　YOSHIHIRO TANABE

1954年大阪府生まれ、73年株式会社ロイヤルホテル入社。2004年より、リーガロイヤルホテル（大阪）宿泊部長に。顧客部長兼主席アシスタントマネージャーを経て、07年より副総支配人。09年からは「くろよんロイヤルホテル」で総支配人を務める。10年10月「リーガロイヤルホテル（大阪）プロジェクトチーム」リーダーとしてリーガロイヤルホテル（大阪）へ。11年4月総支配人に就任。

まずは質問です。皆さん、想像してみてください。あなたはホテルスタッフ。ロビーに立っています。

お客さまより、

「チェックインは何時からですか？」

あなたは答えます。

「はい、15時からでございます」

――さて、これは正解でしょうか？


ここ数年で、以前は観光・ホテル業界の業界用語の認識だった「観光立国」や「インバウンド」、「ホスピタリティ（おもてなし）」などの言葉が、一般の新聞やTVで当たり前に使われるようになってきました。それは、訪日外国人客数の増加やその動向に注目が集まり、観光立国へのアプローチが経済発展の柱として期待され、国の成長戦略の重要な施策となっていることの証拠でもあります。

そして、多くのお客さまが持続的に来日するかどうかは、「旅の満足度」の重要なファクターの一つ、宿泊するホテルの印象で決まります。

今から81年前に、地元の方々の「大阪にも賓客をお迎えできる国際的なホテルを」との願いの結晶として誕生しましたリーガロイヤルホテルは「Pride of OSAKA～大阪が誇れるホテルであり続けること～」をスローガンに、現在も年間300万人近い国内外のお客さまにご利用いただいております。

集う方々は、お国も、文化も、習慣も、言葉も、そして来館される目的も、それこそ千差万別。ご宿泊、レストランのご利用はもとより人生の節目、結婚式や大切な方とのお別れの会を私たちに託してくださる場合も。また、国際会議や学術会議などの重要なイベントの運営を任されることもあり、どの瞬間も、お客さまにとっては大事な瞬間です。どの方も、ホテルへ向かうときには、きっと期待感や高揚感を胸にお越しになっているでしょう。

その期待に応え、「ああ、良かった、楽しかった、感動した」と思ってお帰りいただけるために全力を尽くすのが、ホテルスタッフの仕事です。

ただ、期待に応え続けることは、そう簡単なことではありません。お客さまの求めるもの、必要とされることは、時代と共に、そして状況一つで大きく変わります。それを察知する洞察力や対応力、つまりあなたの「人間力」が日々試される場であると言えます。

冒頭の問いにも、実は正解はありません。お客さまの声、表情、動作、お荷物などから判断し、その状況に合わせた「＋α」の対応が求められます。「1＋1」が2ではなく、「100」の感動を生むこともあれば、気を利かせたつもりがマイナスの結果となることもあります。

だからこそ、「ホテルの仕事は面白い」のです。

ホテルは、サービス業の頂点
楽しみも喜びも体感できる
一生働くにふさわしい場所

一般社団法人 ＩＷＰＡ（国際ウエディングプランナー協会） 代表理事
有限会社ビットマップ 代表取締役
谷藤 進 SUSUMU TANIFUJI

1959年4月北海道生まれ。大学卒業後、丸ノ内ホテル、銀座東武ホテル、メトロポリタンエドモントを経て、パンパシフィックホテル横浜（現横浜ベイホテル東急）で宴会部長を歴任。その後一般企業の代表取締役となるも病気のため辞任。回復後2件のゲストハウスを準備室長としてオープン。国内ホテルのコンサルティングを行なう一方、2007年より英国国家認定資格のライセンスセンターとして、特にヨーロッパのウエディングを日本に広めると同時に、海外ウエディンググッズの販売やフリーランスウエディングプランナーの育成・支援を行なう。また、ウエディングプランナーの教育と資格認定を本年8月より70年の実績を誇る内閣府認可の一般財団法人職業技能振興会との共催で資格検定試験を全国で展開する。

私は大学生の4年間を町場のレストランでその大半をアルバイトに明け暮れていました。まともなサービスを提供できるようなレストランではなかったので、本物のサービスとはどんなものかを追求したくてホテリエを目指しました。

そこで見たものは、自分の想像をはるかに超えるものであり、そのノウハウを学べば学ぶほど、どんどんのめり込んでしまいました。

最初に就職したホテルには本当に感謝しており、在職中の3年間で人事・総務を除く全セクションで学ばせてもらい、料飲部門では、宴会サービス、宴会予約、レストラン、バー、ラウンジ、宿泊部門では、ベルボーイからハウスキーピング、フロント予約やフロントキャッシャー、フロントクラークに至るまで、一つひとつの仕事を短期間にマスターできました。それはプロの領域に達するまで厳しい訓練の連続でした。

毎日が学びで長時間労働でしたが、家へ帰ってからも毎日2～3時間は勉強しており、短期間にプロの領域まで達するためにはそれでもまだ時間が足りなかったことを今でも鮮明な記憶として覚えています。

現在のサービス業界はブラック化が問題になっていますが、現状の意味で言うならば私たちの頃はもっとブラックだったと思います。それでも魅力ある業界で、それはやはり顧客も社員もサービス業の原点や本質を求め、そこに育まれた人間同士の思いやりや感動が存在し、会社としても人財育成にかける情熱も強かったからだと思います。しかし、いつしか企業はスペシャリストよりゼネラリストを好み、その結果モチベーションが低下しサービスクオリティが低くなりましたが、それでもホテルは他と比べて人間味が残されていると思います。

しかし、私も今はホテルを利用する立場ですが、若干不満を覚えることも多くなり、以前はもっと柔軟的だったと思うし、それがサービス業の頂点であるホテルの懐の深さだと思っていましたが、マニュアル化に徹した運営を肌で感じると少しさびしい感じはします。

私は、葬儀以外はなんでもこなす宴会マンとして歩んできましたが、特に婚礼部門は興味も強く実績も多いのですが、ホテルにとって生涯顧客を育むビジネスとしては、婚礼部門は最も重要なポジションを占めると考えています。それをＧＯＰが低いので貢献度が低いと判断する考え方は、あまりにも日本のホテルビジネスを理解するには貧弱な思考ではないでしょうか。

ホテルビジネスは、本来人を幸せな気持ちにするビジネスであり、人の幸せに心から嬉しく思うことを仕事のやりがいと考える人が集う職場であってほしいし、そうした人たちが集うホテルが本来一流ホテルなはずです。

こうしたホテルで働くことは、サービス業を目指す人にとって何にも替えがたく、満足の高い充実したホテリエ人生を送ることができる絶対条件のような気がします。

世界を視野に入れた人財に

株式会社グリーンハウス 代表取締役社長
株式会社グリーンホスピタリティマネジメント取締役 CEO
田沼 千秋　CHIAKI TANUMA

1975 年慶應義塾大学経済学部卒、同年野村證券株式会社入社。77 年株式会社グリーンハウス入社、80 年コーネル大学大学院ホテル経営管理学科（米国）卒業。81 年 3 月同社取締役に就任。同年 12 月株式会社グリーンハウスフーズ代表取締役社長就任（現職）、93 年株式会社グリーンハウス代表取締役社長（現職）。2005 年株式会社ホーワス・アジア・パシフィック・ジャパン取締役 CEO 就任（現職）、08 年社団法人日本フードサービス協会会長（～ 10 年）、理事（現職）など団体役員多数。

グリーンハウスグループは、コントラクトフードサービスビジネスからスタートし、現在ではヘルスケア、レストラン・デリカテッセン、ホテルマネジメントなど、食とホスピタリティに関わる事業を国内外で多岐にわたり展開しています。

この中で、ホテルにも深く関わる食と観光に関するビジネスは9兆円の市場規模があるとされています。すでに2000万人を超えたと言われる外国人観光客の中で、平均的な日本人よりも収入があり、消費力が高く長期滞在をする観光客はまだ210万人程度です。国内のホスピタリティ事業は、そのようなお客さまを満足させるコンテンツの充実によって大きく伸ばすことができる期待の産業です。

昨年、母校であるコーネル大学院ホテル経営学部のレセプションで、ホテル内の食にユニークなこだわりを持つキンプトン® ホテルズ&レストランツを訪れました。同ホテルは、米国にブティックホテルのコンセプトを初めて導入した業界のパイオニアであると同時に、季節ごとのメニューの素晴らしさなどからレストランがさまざまな賞を受賞しています。2015年にＩＨＧの傘下になりましたが、ブランド価値は高く、北米・南米で1万室以上のホテルを運営しています。

日本は自然・文化・気候・食という観光振興に必要な4つの条件を兼ね備えた世界でも数少ない国であり、ホテルの料飲や宿泊サービスを磨き上げることは、キンプトンと同様、事業拡大の重要なポイントになると考えています。つまり、ホテリエを志す皆さんの前には大きな可能性が広がっているといえるでしょう。当社グループも、14年、京都四条通りに立ち上げたブランド「グランバッハ」を核に地域や季節を感じさせる選び抜かれた食の提供などで差別化を図り、一層の成長を目指していきます。

ホテルのビジネスにおいては、日々お客さまをはじめ、スタッフや地域の方々など人と人とが心を通わせることで、たくさんの「喜び」の輪を広げることができます。また、お客さまの一歩先を行く思いやアイデアを形にしていくことが、自身の喜びや成長につながることを、当社グループのスタッフは業務を通して学び、実感しています。

一方、日本全体に目を転じると、若者の内向き志向が強まり、欧米への留学生の数は中国、インド、韓国に大きく水をあけられています。将来に何をしたいかという起業家意識やロイヤリティの面でも、これらの国々の出身者に押されているように感じています。

自分で良いと思ったことにどんどんチャレンジする積極性と仕事に対する情熱を持った人にとって、ホテルやホスピタリティのビジネスには多くの活躍の機会があります。皆さん一人ひとりのチャレンジが、観光の分野において日本が先進国に成長する第一歩になるでしょう。当社グループはそのような人財の育成に今後とも力を入れていきたいと思います。

ホテルを日本の未来を支える基幹産業に！

ヨコハマ グランド インターコンチネンタル ホテル
総支配人　千葉 幹夫　MIKIO CHIBA

大学卒業後、通信機器メーカー、半導体装置メーカーのベンチャー立ち上げを経て、アパレル「theory」に2001年入社、管理部門の責任者として会社の成長に携わる。その後09年にM&Aにてファーストリテイリングとの経営統合によりファーストリテイリング社に転籍、同時に発足したFRMIC（次世代経営者育成塾）の初代リーダーに就任し、世界中を飛び回る。12年11月に当ホテルに着任し、ウエディングセールス部長、14年11月に総支配人に就任。就任後、他業界での経験を活かし、既存のホテル常識にとらわれない改革をあらゆる方面で実行中。趣味は中学時代から続けているバレーボールと、7年前に妻と一緒に始めたダイビング。今も母校中央大学女子バレーボール部のコーチを続け、年2回の妻との海外ダイビング旅行を欠かさない。

戦前、日本は第一次産業でその成長を謳歌し、そして戦後から高度成長期は第二次産業が日本の発展を支えてきました。そして今、高齢化と飽和の時代となり、第二次産業は輝きを失いつつあり、観光業が次なる基幹産業として着目されています。しかし観光業の中核を担うホテルは、素晴らしい人材とポテンシャルを有しながら、今のままではその役目を果たすのは難しいと考えています。

その理由は二つあります。一つは高度成長時代の成功体験からくる、組織・人材の硬直化、意思決定の遅さです。ニーズの多様化と情報技術の進化から、時代の変化が何十倍も速くなる中、組織も人材も同様の進化スピードが求められています。そして意思決定は、お客さまの最前線に立つ現場がもっと自立し、お客さまの目線で即断即決即実行していくことが重要です。

もう一つは、生産性・収益性の低さからくる給与水準の低さです。お客さまがホテルにいらっしゃる真の目的は、宿泊や食事ではなく、その奥にあり、その本来の目的を叶えることが、ホテル全館全社員の目的です。しかし本来の目的を見失い、既存のやり方を守ることが仕事の目的となるために生産性が上がらず、結果、社員への還元も少なくなっています。お客さまの目線に立ち、既存の常識に囚われず、仕事と商品を進化させ続けていくことで生産性を上げていくことが重要です。

日本は奈良時代に形成されたとされる習合思想により、どんな宗教も受容できる柔軟な思想を持ち、明治維新や高度成長時代には新たな文化と技術を果敢に受け入れ、劇的に進化させてきました。世界で争いが絶えない中、このような素晴らしい文化を持つ日本は、真のおもてなしにより、世界に平和をもたらす観光立国になれるはずです。それが実現できるかは若い世代の活躍にかかっています。

皆さん、一緒に日本の未来を拓《ひら》いていきましょう！

ドラマのワンシーンを彩る私たち

株式会社ミリアルリゾートホテルズ
代表取締役副社長　チャールズ・ベスフォード　CHARLES BESFORD

1976年東京ヒルトン入社。その後、東京、マニラ、ソウル、大阪、東京ベイヒルトンホテル料飲担当の支配人職を歴任。93年ウェスティンホテル大阪初代総支配人就任。96年株式会社オリエンタルランド入社、株式会社舞浜リゾートホテルズ（現 ミリアルリゾートホテルズ）常務取締役就任。2000年から08年にかけて、ディズニーアンバサダーホテル、東京ディズニーシー・ホテルミラコスタ、パーム＆ファウンテンテラスホテル、東京ディズニーランドホテルすべての開業に携わり、3つのディズニーホテルにおいて初代総支配人を歴任。16年現在、株式会社ミリアルリゾートホテルズ代表取締役副社長として運営を統括。

ある朝、私のもとに届いた1通のメール。それは私たちのホテルをご利用いただいたゲストからのもので、はじける笑顔のお子さまの写真と共に御礼の文章が書かれていました。写真いっぱいに広がるお子さまの笑顔、そしてこのメールをお送りする際のご両親の気持ちが存分に伝わり、ホテルでの滞在を心から満喫された様子が伝わってきました。

この瞬間こそ、私がホテルマンとして喜びとやりがいを感じる瞬間であり、この仕事の最大の魅力であると考えます。ゲストの笑顔に触れ合うことはもちろんのこと、感動を共有してもらうことができる仕事は、世の中にも数少ないのではないでしょうか。

ホテルでは、日々さまざまなドラマが生まれています。私たちが出会うゲストはドラマの主人公であり、きっとホテルで過ごす一日はドラマのワンシーンのように記憶に残るシーンなのです。私たちホテルマンは、そのワンシーンを彩る重要なピースです。こんな風に多くのドラマに携わり、さらに感動を共有することができる。そこには、ホテルマンならではのやりがいが生まれます。

ただし、ドラマのワンシーンを彩るためには、二つの重要なポイントがあります。一流のサービススキルとチームワークです。ゲストの期待に応えていくために、私たちは常にサービススキルを磨いています。さらに、個人ではなく、ホテルという舞台すべてでそのスキルを発揮するために、チームワークがなくてはなりません。

加えて、近年は語学力も求められています。ご挨拶など最低限の語学力を身に付けておくことは、今後必須になるでしょう。そして、単純な語学力だけでなく、オープンな視野をもってより柔軟な対応が求められているのだろうと感じます。

毎日の仕事をこなす上で、時にはゲストの期待に沿うことができず、厳しいお言葉をいただいてしまう場合があります。私たちは、日々高いモチベーションを持って仕事をこなし、常にゲストの期待を超える努力を繰り返します。その下地があってこそ、ドラマを彩るピースとして歓迎され、ゲストと感動を共有することができます。そうして生まれるやりがいは、そこに至るまでの苦労を大きく上回り、大きなモチベーションとなることでしょう。

これからも、そして今もホテルでは多くのドラマが生まれています。共に努力を続けながら、ホテルで生まれる多くのドラマを彩りましょう。

ホテリエの醍醐味は、自分の行動の結果が目の前に見えること

ヒルトン・ワールドワイド
日本・韓国・ミクロネシア地区　運営最高責任者
ティモシー・ソーパー　TIMOTHY E. SOPER

1988 年、ロンドンにてヒルトンに入社。92 年からはアジアに活動拠点を移し、97 年からは名古屋、東京ベイ、および韓国の慶州、ソウルにて総支配人を歴任した。2007 年に中国・モンゴル地区運営最高責任者となり、12 年 10 月から現職。

２０１９年に１００周年を迎えるヒルトン・ワールドワイドの歴史はコンラッド・ヒルトンという一人の青年の大きな夢から始まりました。１９１９年、テキサス州のザ・モブリーという小さなホテルを購入し、「地球という星をおもてなしの心であたたかく照らし続けます」をビジョンに努力を重ねた結果、世界最大級のホスピタリティ企業に成長しました。コンラッド・ヒルトンの夢は、今もヒルトンのＤＮＡとして引き継がれています。

　私は父の仕事の影響で、幼い頃から海外を旅する機会に恵まれました。異文化に触発され、将来は世界を飛び回りながらさまざまな人達と触れ合う仕事に就きたいと思って選んだ職業がホテリエでした。ホテルでは人種や職業を問わずさまざまなお客さまを日々お迎えしています。また、世界では全人口の11人に１人が観光産業に携わっていると言われており、ホテル業界で働くことは世界とつながりを持つということにもなるのです。

ホテリエの醍醐味は「自分の行動の結果が目の前に見えること」。これこそ最大の歓びです。今、お客さまに必要なサービスを的確に提供しようと毎日が真剣勝負なのです。お客さまにとってはベテランも新人も関係なく、一人ひとりのホテリエがホテルの顔なのです。日常のひと時から、ハネムーンや記念日などの特別な時間まで、お客さまの人生の大切な瞬間に関わっているという実感は、ホテリエにとって何事にも替えがたい歓びです。ある一人のホテリエの対応が外国人ゲストの日本への印象を変えることもあり、ホテリエは日本が誇るおもてなし文化を世界に伝える〝民間の外交官〟と言えるでしょう。日々努力を重ねながら自分を磨き、考え、実践する。実践に対するフィードバックをダイレクトに感じながら、歓喜し反省し、人としてプロとしての成長を重ねる。これがホテリエの人生です。

ヒルトンの強みの一つは充実した人材育成制度です。オンライン・ラーニング「ヒルトン・ユニバーシティ」は5つの学部、2500以上のコースを18言語で提供しています。また、1年半でホテルの全オペレーション業務を経験して昇格の機会を得る「マネジメント・トレイニー・プログラム」や、2カ国・2軒以上のホテルで人事・財務などの業務を経験しながら総支配人を目指す「総支配人育成プログラム」、新卒就業から10年～15年で総支配人を目指す日本独自の「RJET（リージョナル・ジャパニーズ・エレベーター・トレイニー）」などさまざまな育成プログラムがあるのも特長です。

ホテリエとしての日々の努力は人としてプロとしての成長につながります。ホテリエの成長はお客さまの喜びを支え、その笑顔の輪が世界を明るく照らしていくのです。ホテリエという職業の素晴らしさは私の人生が証明しています。この喜びを未来のホテリエである皆さんと分かち合い、共にチームとして未来のホテル業界を支える日を楽しみにしています。

未来の観光ホテリエたちへ

株式会社かりゆし
代表取締役社長　當山 智士　SATOSHI TOHYAMA

1959年生まれ。76年5月㈲ホテル那覇（現株式会社かりゆし）入社。2001年1月 沖縄かりゆしアーバンリゾート那覇・取締役総支配人就任。同年10月 沖縄かりゆし琉球ホテル那覇・取締役総支配人就任。09年1月 常務取締役就任。12年1月 専務取締役就任。同年4月 代表取締役就任（現職）。株式会社ティーシー 代表取締役社長、株式会社カリユシカンナタラソラグーナ 代表取締役社長、株式会社ビック沖縄 取締役、株式会社 KARIYUSHI LCH. 取締役、株式会社かりゆしインターナショナル 取締役を兼務。ほかにJTB協定旅館ホテル連盟沖縄支部 理事、読売旅行協定旅館ホテル連盟本部副会長、などを務める。

今や観光は、日本の産業を牽引する戦略的成長産業である。文化芸能は言うに及ばず、積み重ねた歴史、脈々と受け継がれてきた知恵、習慣、風習により形成された個性豊かで伝統的な地域に魅了された多くの人々が交流する、大観光時代が到来した。

観光大国実現に最も重要なことは、「幸せ所得の高い地域」でなければツーリストに選択されないという事実の認識である。観光によって交流定住者を増やすことは、地域のブランディングであり、経済波及効果で自主財源を増やし、地域の再生に活用する。具体的には福利厚生、教育、インフラなどの投資財源とし、地域定住者の幸せ所得を上げていく。地域創生のキーワードはここにある。

そういう地域のライフスタイルに無形の価値を見出して、ポジティブな消費をするツーリスト達を迎えてもてなし、クールにわくわくさせ、共感を得られるライフスタイルを提案するのは誰であろうか。それは、観光拠点であるホテルでお迎えするホテリエである。これからのホテリエは、歴史伝統文化に精通し、地域のアイデンティティーに誇りをもつ「観光ホテリエ」でなければならない。ホテリエの職業としての素晴らしさはここにある。

楽しむことだけを目的に、多くの人々が集うホテル。ポジティブでアクティブな人々が集う職場がホテルである。日常的に挨拶をする機会も少なく、さらには、何か事が起これば、他の人の世話をする機会もない職業が多い中、日々笑顔で多くの人たちを出迎え、親身にお世話をする場所が他にあるだろうか。「優しくなければできない仕事」、それがホテリエである。こんな素敵な職業は他にはない。

一方、おもてなしを生業とするホテリエは24時間、３６５日営業という過酷さがある。だからこそ、ホテリエは幸せでなければならない。つまり、ホテリエという職業は、誇りがあって安定した生活基盤となるものでなければならない。ホテル企業の使命もここにある。ホテル企業は、日々おもてなしをしていただくスタッフの幸せ所得向上に努めていかねばならない。

大観光時代が到来した今、スタッフの幸せ所得が高いホテルだけが選ばれ、そこにはお客さまが集う。大観光時代を高度化させるホテリエの育成は、日本の産業を支える戦略的人材育成そのものである。

「だから私はホテリエになりたい」

そういう多くの若き観光ホテリエたちに出会いたい。

「人と人とのつながり」から「自身の成長」ができる職場、それがホテル

三井ガーデンホテル札幌
総支配人　戸田 真人　MASATO TODA

広島市生まれ。2003年 株式会社三井不動産ホテルマネジメント入社。三井ガーデンホテル広島　宿泊配属。11年 三井ガーデンホテル岡山　宿泊配属。12年 三井ガーデンホテル札幌　副支配人として宿泊配属。13年 宿泊支配人。15年10月より現職。

語学専門学校を卒業後、海外への強い憧れからアメリカ留学した私だったが、滞在中に感じたことは「日本の素晴らしさ」だった。帰国後、日本の良さを学びたいと強く思った私は、日本料理店でアルバイトを始めた。そこでの経験から、接客業への興味と、おもてなしの心をさらに学びたいという気持ちが高まり、ホテルへの就職を決意した。

入社してすぐに、「ホテルのおもてなし」は、お客さまに対する丁寧な言葉遣いや確かな所作など、自身のスキルや努力もさることながら、何よりも一緒に働く仲間との連携、さらには部門の垣根を越えてのつながりがあるからこそ成り立っていると強く感じた。

私がフロントマンとして最初に勤務した「三井ガーデンホテル広島」は、宴会場やレストランもある総合型ホテルで、フロントには宿泊のお客さま以外にもホテル施設を利用されるさまざまなお客さまがお見えになる。そのため、フロントでは

宿泊に関することはもちろん、宴会場やレストランの予定、さらには、ホテル内で刻々と変化するあらゆる情報をスタッフ皆で共有し、お客さまをお迎えする必要があり、万が一誤った情報をお伝えした場合には取返しのつかないことにつながりかねない。

私は入社当初から、部内外の連携を強めるためにはどうしたら良いかを常に意識して仕事に取り組むようにしてきた。そして、うまく連携がとれ、お客さまのお役に立ち、ご要望にお応えすることができたときには大変な遣《や》り甲斐を感じることができた。ホテルで働くということは「人と接する仕事」であるからこそ、「人とのつながり」を大切にしなくてはいけないのだと強く感じる。

昨今のホテル業界は訪日外国人の増加などの好影響を受け、大変な盛り上がりを見せている。三井不動産グループも2020年までに1万室を目標として、次々に新規開業が決まっている。これからますます人材は必要となり、若い人材が活躍するチャンスはさらに広がってくる。若いからできないではなく、若いからこそできることがきっとあるはず。失敗を恐れず、「できないと決めつけない」「やってみる」の精神でホテル業界を盛り上げていこう!

ホテルスタッフ
＝顧客価値の創造者に

ホテル辰巳屋株式会社
取締役総支配人　藤田 徳三　TOKUZO FUJITA

1983 年、株式会社ホテルニューツカモト入社。89 年、株式会社ロイヤルパークホテル。主にレストランと宴会の業務に従事。数店舗のレストランマネージャーを経て宴会部門管理職昇進後は主に外務大臣、衆議院議長、内閣総理大臣などの官公庁の要人用ゲストハウス施設のサービス責任者として社外での VIP サービス業務の統括を担当。2006 年、神戸メリケンパークオリエンタルホテル婚礼宴会部長、購買部長、人事総務部長、総支配人室付など、ホテル運営全般の管理職を担当。13 年、ホテル辰巳屋株式会社入社。取締役総支配人に就任。

過去にも数多くの曲がり角を迎えてきたホテル業界ですが、この先、「観光立国日本」「東京オリンピック」などの効果により、想像がつかないほどの変革を迎えることと思います。今のホテル業界は、社長やGMのカリスマ性、高い水準の運営手法の追求、多岐にわたる成り立ちおよび建築様式などの要素が複雑に絡み合う形で成立しています。時代の変革を迎えるにあたり、ホテルはこれまでどおりの様式でよいのでしょうか？

私は「ホテル業界は先人の皆さまが築いてきた伝統や素晴らしい英知により、また新しい何かを作り出して成長していく」と確信しています。その後には、再び原点回帰していく物事もあるでしょう。これらの流れの中で、最も重要視されるのは、やはり「人」でしょう。もちろん、上級管理職やGMによる強いリーダーシップはこれまで同様に求められますが、今後は一般スタッフレベルの人材の思想形成こそが最重要テーマであろうと考えます。

未来のホテルに必要なのは、「稚拙であっても前を向いて進めるスタッフ」です。経験や知識がないスタッフでも、鋭敏な感覚さえ持ち得ていれば、多様化するゲストからのニーズに対応できるはずです。そして、毎日ゲストと向き合うその一般スタッフこそが、ホテルの顧客価値を最大化する創造者になるのです。

経営者側も、そういう一般スタッフを伸ばすことへの弊害を考えねばなりません。例えば、

- ともすれば長い経験値が改善、改革を阻害していないか？
- 深い知識自体がチャレンジすることを止めていないか？
- 何かをやる前に「これは無理」と思っていないか？
- こんなことは言ってはいけないと先に考えてしまわないか？
- 「人がいない」から思想が始まっていないか？

といったポイントを考慮し、ときには反省に立つことも必要だろうと思います。

ゲストへ提供されたサービスの結果として「小さな賛辞を受けての最大の喜び」を一度知ってしまったら、またホテル屋の醍醐味を知ってしまったら、もうこの仕事から抜けることなどできない「人」になります。これこそが「顧客価値の創造者」になることです。

同時にこれはこの仕事の最大の魅力であり、この現象が小さくとも毎日どこかで無数に展開していることこそ価値と魅力が最大化された理想のホテルであろうと思います。そのようなホテルにしたいと私は日々強く思っていますし、また多くの同志がホテルに集うことを念願しています。

そして、理想を語るわれわれ経営者には、これらを実現するため、今まで以上に具体的かつ精緻に「そこに向かう意味と価値を指し示すこと」を追求していくことが求められるでしょう。

細部にプライドは宿る！
こだわりを持つホテルマンに

名古屋ホテルズ会
会長 船橋 誠 MAKOTO FUNAHASHI

1981年株式会社名古屋観光ホテル入社。宿泊部門・宴会営業部門を経験後、2005年中部国際空港（セントレア）の開港に伴い、Ｊ・ホテルりんくうの開業準備室にてホテルの立ち上げに携わる。開業後は航空会社乗務員の専門施設として宿泊部長に着任しホテル全体の運営を行なう。11年ホテルサンルートプラザ名古屋の宿泊部門長に着任し、訪日外国人獲得の為の営業活動を実施中である。14年名古屋ホテルズ会会長に就任、51会員ホテル（約8,500室）への有益な情報を提供すると共にホテル業界と行政関連との橋渡し役として活動。

ホテルの語源は古代ラテン語のＨＯを語源として、「人に関わる」という意味が含まれております。ホテル業界に従事する者にとっては、ホテルとホスピタリティは同じ語源から派生した言葉であることを理解していると同時に「おもてなし」の精神を必ず心の片隅に携えていると確信をしております。ホテルで働くということはお客さまに対し常に真摯に向き合い、お客さまからの「ありがとう！」この一言をいただけることを糧に日々お客さまに接していると言っても過言ではないと思っております。

　ホテルに入社して最初の上司より「ホテルマンはサラリーマンになってはいけない！」この意味を理解するまでにかなりの時間を要したが、今では自分なりの解釈を身にまといあるこだわりを持って取り組んでおります。お客さまの気付かない部分、お客さまの目には入らない細かな部分までにも細心の気遣いをしてお客さまをお迎えする事が理想です。

こだわりは時として自己満足とも批判されがちな場面もありますが、そのこだわりこそが自身の成長と自信につながり、ホテルマンとしてのプライドを持つことができるのです。

モノのインターネット（Internet of Things：IoT）パソコン等の技術革新により今後ビジネスの世界では直接に会わずとも業務が今以上にスムーズに運ぶことも予想されます。さらに名古屋地区においては、２０２７年にリニア中央新幹線の開業が予定されており、名古屋↔東京（品川駅）が約40分で結ばれ、交通アクセスは格段に速くなり、当然のことながら、ビジネスマンも経費削減という名目において日帰り出張が多くなると予想されます。しかしながら、ビジネスの局面においては人と人が直接に顔合わせ、交渉など交流をする場面は必要不可欠な作業であり、そこに登場するのはやはりホテルの存在であることは間違いありません。ビジネスの会食、またはそのために遠方よりお越しになられた方の宿泊などさまざまな場面でホテルは関わっており、ホテルの印象・対応によってご利用いただいたお客さまのビジネスの成否にも影響を及ぼすこともあろうかと思います。

すべてが滞りなく無事に、そしてお客さまのご満足を得るために日々ドキドキしながらお客さまをお迎えする、それがホテルの現場です。気を遣う仕事ではありますが、こだわりを持つことでやりがいのある仕事になります。

さぁ、ホテルマンになろう！

お客さまの人生の一部を共有している、それがホテリエの仕事

三井ガーデンホテル銀座プレミア
総支配人　中 弥生　YAYOI NAKA

パーク ハイアット 東京の開業に料飲スタッフとして携わった後、ザ・リッツ・カールトン大阪のセールス＆マーケティング部長付秘書として勤務。その後、カナダ留学を経てザ・ブセナテラスにおいてレストランレセプションマネージャー、クラブフロアマネージャー、箱根・翠松園副支配人、ホテルアジール・奈良支配人、銀座グランドホテル 総支配人を経て 2015 年 7 月三井不動産ホテルマネジメントに入社。16 年 4 月より現職。

ホテルは華やかで国籍の異なる人たちと出会える仕事だと考え、この業界に入ってから22年。その重ねてきた時間を振り返ると、心から笑った日も、大きな失敗をした日も、嬉しくて感動した日も、必ず私のそばには仲間とお客さまの存在があったと改めて感じます。

これまで多くのお客さまと出会い、ストーリーがありますが、印象に残っている一つが小さなホテルで初めて総支配人として勤務していたときのことです。ご年配の女性がお一人でご宿泊になりました。どこか翳《かげ》りがあり、お力をなくされているような感じとのスタッフからの報告があり、長期滞在ゲストでもあったのでしっかりと皆でケアをしようと話していた3日目のこと。ロビーにある暖炉の前でおくつろぎになっている際、ご宿泊の御礼のご挨拶をし、お声かけしたところ、「このホテルはあたたかい場所ね。皆さんが私に何かを感じ、心を尽くしてくれているのが分かる」と涙を流されました。お母様を亡くされここが故郷

で数日間滞在している、最新型の機能性が高いホテルは数多くあるけれど、空間が〝あたたかい〟と感じたことはこれまでなかったと、その後もご自身のことをお話しくださいました。お客さまの心に触れ、私自身もお客さまと一緒に涙を流したことを今も覚えています。家族でもなく友達でなくとも、人が人の心に触れたとき、お客さまとホテリエという立場であってもたちまち距離が縮まっていくホテリエの仕事とは、まさにお客さまの人生の一部を共有している、と言っても過言ではないでしょう。

ホテルは一度開業すると24時間、365日休むことなく稼動し、お客さまと時間を重ねながら、5年、10年と続いていきます。その中で働く私たちは心、頭、体を尽くしますのでハードであることは言うまでもありません。しかしながら何故その仕事をするのか…私に限っては〝そこにお客さまがいらっしゃるから〟です。家族でも先生でもないお客さまがホテルという場所を通して人として、どうあるべきか、という学びを日々くださるからです。この気持ちは新入社員時代から今も一貫して変わりません。私の尊敬するホテリエであるホルスト・シュルツィー氏が当時勤めていたあるホテルの開業前に私たちに向かってこう言いました。「豪華な建物はお金をかければいくらでも創れる、われわれの仕事はホテルという建物に魂を吹き込むことだ」と。

昨今のテクノロジーの進化でAI（人工知能）の急激な発達により現在の仕事の47％が20年以内に機械に代わる、と有名大学の調査では記されているようです。しかしながら私は人の心を感じながら行動するホテルの仕事は、必ず人でしか理解し得ないものであると信じ、これからもお客さまと、仲間たちと共に進化していきたいと思っています。

つながる―「人」「魅力」「未来」

株式会社神戸ポートピアホテル
代表取締役社長　中内 仁　HITOSHI NAKAUCHI

1966 年生まれ、神戸市出身、慶応大学卒。89 年神戸ポートピアホテル入社。92 年アメリカコーネル大学ホテル経営学部大学院 修士課程卒。グランドハイアット香港での研修を経て、93 年神戸ポートピアホテル副総支配人。94 年取締役副総支配人宿泊部長。96 年専務取締役副総支配人宴会部長。97 年取締役副社長総支配人。99 年 4 月代表取締役社長就任（現職）。日本ホテル協会理事、神戸商工会議所観光集客委員会委員長、神戸経済同友会副代表幹事、神戸スイーツ学会 監事、集客交通観光部会 部会長を務める。趣味は、旅行・読書・ゴルフ。

ホテリエの魅力の第一は、「お客さまに喜んでいただける。その反応もダイレクトに受けられる」という点であると考えます。ホテルという大きな組織では、一人ではできないおもてなし、お世話をチームで進めていきます。ベテランスタッフや熟練した方々のサービススキル、調理技術から学ぶことはもちろんですが、お客さまに教えられ気づくことが数多くあり、自らの成長だけでなく、チーム全体をレベルアップさせることができます。

一方で、お客さまの期待値は高く、そのご要望も一様ではありません。同じおもてなしをしても、お喜びいただける場合とそうでない場合があります。大きな課題がある中で、知恵を絞って工夫し、それを克服できたときの喜びはこの上ないものであり、苦労した分だけの成長が必ずあります。そうした経験を積み重ねることは、結果だけでなくその過程も大切な財産となっていくでしょう。年月を経て、自分や同僚に続く後輩や仲間が加わり、自身の経験を伝えたり、チームのメンバーが経験したことを情報共有したりと、切磋琢磨しながら皆の成長していく姿を見ることも素晴らしい体験だと考えます。

さらにその先には、経験値や時代のニーズを活かした新しいおもてなしのスタイル、商品、サービスを生み出していくことにもつながっていきます。それがお客さまにどのように評価いただけるかということも、難しいことながらやりがいを感じることであり、自身のモチベーションアップに必ず結び付くでしょう。

第二には、「海外のお客さまに日本の素晴らしさを発信できる」という魅力があると考えます。現在、訪日外国人のお客さまが数多くホテルをご利用されています。中でもアジア近隣諸国からの観光客は、近年、ＦＩＴが増加傾向にあります。帰国後、日本での質の高いおもてなしや文化など滞在経験を周囲に語ることで、日本の国際的評価が高くなります。自身が近隣のアジア諸国へ出かけたときには、日本への理解度や認知度がどこまで広がっているのかを、あらためて理解することもできます。相互理解を深めることで、さらに日本のファンを増やすお手伝いができるようにもなります。ホテリエは、民間の外交官とも言える側面を備えた職業でもあるのです。

ホテル業は、「People Business」とも言われます。自分自身の人間的魅力を高めていくことで、刺激を与えてくれる魅力的なお客さまや仲間たちが自然と周囲に集まってくるはずです。そのような環境の中で日々過ごすことも、ホテリエにとっての幸せでしょう。「人」と「人」の関わり、良い感情の連鎖の中に自分が存在することができるということが究極の魅力であるように感じます。

これからホテリエを目指す皆さま、「人」と「人」が交わる素晴らしい体験を積み重ね、ホテル業界の未来のため、日本の未来のためにたくさんの「魅力」を発信してまいりましょう。

ホテリエの社会的使命・貢献 このプライドを常に心に 抱いてください

株式会社 中沢ヴィレッジ
草津温泉ホテルヴィレッジ取締役総支配人　中澤一裕　KAZUHIRO NAKAZAWA

群馬県草津温泉出身・他業界を10年間経験の後、家業である株式会社中沢ヴィレッジに1996年入社。営業系の仕事を中心に、管理本部長等も歴任。草津温泉の誘客事業にも参画しながら、2016年3月より現職。

「歩み入る者にやすらぎを、去りゆく人に幸せを」私どもホテルが掲げる社是です。これはドイツ・ローテンブルグのジュピタール門に刻まれていた言葉を日本画の大家東山魁夷画伯が翻訳したもので、ご本人から当社先代が直接この言葉を贈られ、以降私たちの大切な社是として守って参りました。

心身共に疲れ果てた兵士・旅人が城壁の中で介抱されて生きる希望を取り戻し、再び外へ旅立っていったように、当社にお越しいただくお客さまに最上級のおもてなしを提供し、ゆったりと安らぎを感じていただき、お発ちになるときは幸せな気持ちになって日常にお帰りいただきたい。こんな思いを通じて社会に元気と活力を送り届ける事が、私たちホテルの使命であると考えています。

私たちのようなリゾートホテルの仕事は、お客さまが日常の疲れを癒やし、心身共にリフレッシュし、幸せな気持ち・元気になって再び日常へお帰りいただくためのホスピタリティを提供し、お客さまのオアシスであるべきところです。

また、この仕事はたくさんのお客さまと日々コミュニケーションをとることです。お客さまがリクエストされることは千差万別で、型にはまった一つの方法だけでは、決してお客さまを幸せな気持ちや、元気にさせることはできません。答えがなく日々試行錯誤の繰り返しです。

お客さまとのコミュニケーションの難しさ、奥深さを感じることはこの仕事の醍醐味であり、飽きることはないものと思います。

私は、ホテリエの仕事はお客さまをおもてなしすることは目的でなく手段だと思っています。社会に活力を提供する大切な役割を担っているという社会的使命を担い、社会に大きく貢献しているというプライドを以ってこの仕事に就いていることをぜひ、この業界を目指す皆さんには理解して欲しいと考えます。

この業界を目指す学生の皆さんには、この仕事が社会の中で大切な役割を果たしていることを心にとめてお客さまと会話し、幸せや元気を提供する……こんな気持ちを常に持って、この仕事を自分の一生の大切な仕事として続けていって欲しいと思います。

ホテル業は人を活かす仕事

HMI ホテルグループ
ザ クラウンパレス新阪急高知 営業統括支配人
中西 克行　KATSUYUKI NAKANISHI

京都府宇治市出身。高知大学人文学部経済学科卒業。株式会社新阪急ホテル入社。1985 年株式会社高知新阪急ホテル入社、高知新阪急ホテル営業部フロント配属。2011 年　副総支配人（兼）営業部支配人（兼）営業部営業推進シニアマネージャー。12 年 10 月資本譲渡によりホテルマネージメントインターナショナル株式会社入社。営業統括支配人（料飲・調理担当）15 年 10 月　営業統括支配人（現職）。四国 B.M.C. 会長。高知市防火管理者協議会会長。J.S.A. 認定ソムリエ。H.R.S. 認定テーブルマナーマスター講師。A.J.B.A. 認定シビルウェディングミニスター。

私は親元を離れ地方国立大学へ進学、卒業後はその大学がある地方都市に新しく開業することが決まっていた都市型ホテルに就職することでホテリエ人生のスタートを切りました。当時の私にとってホテリエは、華やかな施設において得ることができた専門知識を活用して接客をする単純にカッコよい職業でありました。

それから三十年以上が過ぎました。これまでのホテリエとしての経歴を振り返ってみると、宿泊業務を皮切りに食堂、宴会、婚礼、営業企画等々ほとんどの営業部門における部署経験と、管理部門においても総務、人事の業務を経験することができ、さまざまな立場で仕事を行なってまいりました。ホテルからもお客さまからも本当に貴重な経験を積む機会を与えていただき、数々の失敗もいたしましたが、余りある感謝の気持ちもいただきました。今の私にとってのホテリエとは、接客サービス業と言われる職業の中でも間違いなく頂点の一つであり、最も多様な経験ができる、難しいが喜びも多い素晴らしい職業です。

ホテリエが接客サービス業の頂点の一つであり続けるためには、最高の「おもてなし」の気持ちを常に持っている必要があると思います。「おもてなし」は一方通行のサービスではなく、お互いを思いやる気持ちが交わされたとき、ホテリエも最高の喜びを得ることができるものです。

「おもてなし」の気持ちを表現するため、特に必要なスキルは、知識や技術に裏付けられたオペレーション能力、気づきに基づき言われるより先に行動する事前察知能力、そしてお客さま一人ひとりをきちんと認識し、対応する顧客（個客）認知能力であると思います。

また、接客サービス業は数多くありますが、ホテリエには多様な職務、業務があり、そのためお客さまの多様性においても他に比べられる職業は少ないのではないかと思います。ゆえに、さまざまな目的でご利用いただくお客さまと多くの接点をもつホテリエは、多様なスキルと豊富な情報を得る努力が必要不可欠であると思います。

こうしたスキルが必要であることに気づき、行動を起こすためには、私たちがホテリエとして「プロ」である意識を強く持つことが必要です。

仕事にする以上、どのような職業であれ「プロ」であることを意識しない方に勤まるはずがありませんが、ホテル業はとりわけそのような「プロ」の意識を持ったホテリエがどのくらいいるかによって評価が左右されるところです。

言い換えれば、ホテルが良い評価を得るためには、ホテリエ自らが人としての魅力を磨き、成長できる環境や待遇が必要であると思います。そして、そのようなホテリエをホテルの多様な職種の中で最も輝くことができるところで活かすことこそ、ホテル業の仕事であると思います。

あなたが、これからの人生をどのように生きようと考え、自らを磨き、光り輝く自分を見てみたいと思うとき、ホテリエはその選択肢の一つになり得る職業だと私は思います。

一人ひとりが業界を変えようと真剣に考え、真剣に仕事に打ち込む。可能性に満ち溢れた成長企業

コアグローバルマネジメント株式会社
代表取締役　中野 正純　MASAZUMI NAKANO

1977 年兵庫県生まれ。大学卒業後、ドイツに本社を構える大手 IT 企業・SAP ジャパン入社。管理会計分野のシステムコンサルタントとして勤務。2004 年、楽天株式会社にて店舗の誘致営業および売り上げ向上のコンサルタントを経て、東京を拠点とするホテル運営会社に入社。フロント、レストランマネージャー、ホテル事業部長、旅館・リゾート事業部長を歴任し、ホテル業のノウハウを身につける。その後コアグローバルマネジメント株式会社設立。13 年より同社を本稼働させ、現在、６軒のホテルの運営を受託。

当社が最初にホテル運営を始めたのが２０１３年3月。つまり、やっと4年の節目を迎えようという段階ですが、すでに北海道から長崎まで、6軒のホテル運営を手掛けています。以前まではホテル運営企業としての信用もなく、ホテル案件を受注するのも非常に苦労をしていましたが、最近になって少しずつホテル運営案件のご相談をいただけるようになってきました。

また、今までは運営受託案件ばかりでしたが、会社の成長と共に直営案件にも挑戦をするなど、新しいチャレンジも進んでいます。

今後も、まだまだホテル運営案件は増えていく予定ですし、旅館業態も視野に入れ始めています。

さらに、弊社ではホテル運営だけでなく、宿泊事業やインバウンドにかかわる事業を垂直統合的に展開していくことを目指しています。現在も施設管理会社や客室清掃会社、婚礼運営企業をグループ企業として持っていますが、今後もバス会社

や人材関連事業だって視野にあります。

弊社はベンチャー企業ですから、他社さまのような福利厚生などで自慢できることはありませんが、ベンチャー企業だからこそのチャンスには溢れています。組織はフラットで、また経験年数やバックグラウンドよりも本当の実力を重視しますから、弊社に入って大きく成長をした社員も数多くいます。

以前まではあるホテルのいちフロントスタッフだった人が、今ではグループ全体の予約を仕切っていますし、以前までは一人の優秀なシェフだった人が、本人の希望もありホテルビジネスの構造やマネジメントを学びたいということでその仕事を任せ、最初は大変苦労をしていたようですが、今では乗り切って大きく成長しています。ポジションが上がれば当然、給与だって上がります。また、急成長している企業ですから、「自分が会社の成長にかかわれていると強く感じて、それが大きなやりがいです」と言ってくれるスタッフもいますね。

弊社は成長途上の企業ですから、会社が大きくなるにつれて必要なポジションがどんどん出てきます。そして、先ほども申し上げたように関連会社も複数ありますし、今後も増えていくでしょうから、グループ会社の社長というケースも出てくるでしょう。

大きく変わり続けるホテル業界の中で、弊社のスタッフが皆「ホテル業界を変えよう」と真剣に取り組んでいます。

そして、弊社の特徴は組織がフラットであり、平等で、誰もが自由に発言をできること、そして、スタッフ全員に平等にチャンスがあり、誰もが大きく飛躍できる可能性があるということです。

これからも私たちは挑戦を続けていきます。若い皆さんのホテル業界への挑戦も、応援をしています。

変化の時代だからこそ、若者に未来がある

株式会社ジェイアール西日本ホテル開発 ホテルグランヴィア京都 代表取締役社長
JR 西日本ホテルズ　カンパニー長
中村 仁　HITOSHI NAKAMURA

1975 年大阪大学法学部卒業後、旧日本国有鉄道入社。総裁室秘書課勤務を振り出しに、同文書課補佐等を経て、国鉄分割民営化時に大阪鉄道管理局の人事課長として JR 西日本の会社設立等に奔走。国鉄在籍中米国デューク大学に留学し、経済学修士を取得しグローバルな視野の必要性を痛感。JR 西日本でも総務・企画畑の管理職として勤務。96 年にホテルグランヴィア京都へ出向し、開業時の責任者の一翼を担う。その後本社総務部長次代に福知山線列車事故が起こり、ご被害者等の対応責任者となる。取締役常務執行役員で退任し、2012 年より株式会社奈良ホテルの社長。15 年 6 月より現職。趣味は旅行。これまで 18 回の引っ越し経験を持つ。64 歳。

ホテル業界はここ数年、かつて想像もできなかった社会経済情勢の変化に直面しています。この変化は激しく急速であり、われわれにより大胆な改革を求めてきています。

昨日と同じ明日はありません。明日のためには次代を担う若者の情熱ある改革に向けたチャレンジ精神が必要であり、そういう若者にこそ未来が期待できると思います。最近の変化の状況を3つのキーフレーズでまとめてみました

1つは「グローバル化の急速な進展」です。最近の訪日外国人数は4年連続で大きく増加し、足許で少し勢いに陰りが見えてきたとは言え、グローバル化の進展によりまだまだ確実に増加していく傾向にあることは間違いありません。われわれにとって重要なことは、訪日外国人客が安定的に増えて行く環境、つまりはリピーター客の確保等の好循環を作り出していくことであります。そのためには、さまざまな言語・文化・宗教による違いを乗り越え、懐の深いおもてなしの体制を確立

することが重要です。次代を担う若者には、より広いグルーバルな視野とさまざまな違いを受け入れる寛容な精神を期待したいものです。

次に、「急速なデジタル化・情報技術の進展」であります。今、世界はデジタル化、ＩｏＴ等の情報技術の急速な進展によってビジネスのみならず生活環境そのものが激変してきています。ネットの活用は瞬時に多数の人々に情報を伝達でき、逆に必要な情報もスマホ等の活用により手軽に手に入ります。

ホテル業界も宿泊やレストラン等の予約はもとより、企画イベント等の告知やその応募も柔軟かつ即座に行えるような時代です。会議や宴会等で遠隔地とのやり取りができたり、華やかな演出や個性的なアピール等もデジタル技術を駆使して効果的にできるようになってきました。若者はこういった新たな技術を取り入れる柔軟な思考を持っていています。ぜひともその能力を積極的に活かしてほしいものです。


最後に、「観光立国推進の必然性」であります。今わが国は人口減少、少子高齢化により就労人口が減少し、経済成長の伸びも大きくは期待できなくなっています。女性活躍社会や1億総活躍社会が叫ばれ、ロボットの活用を視野に入れたとしても、それだけでは我国経済を活性化することは難しいと思います。我国経済を発展させていくためには、観光産業を国の基幹産業として育成していくことが何より不可欠であります。

訪日外国人数を増加させることによって、消費需要を喚起すると共に労働力としての活用も視野に入れた長期的な観光戦略が必要です。観光立国日本の確立は我国の将来にとって極めて重要なものとなってくるでしょう。

このような変化の時代に対応していくためには、若者の情熱あふれるチャレンジ精神が必要であります。ホテル業界の一員として次代を担う若者に勇敢な改革への挑戦を期待しています。

お客さまを満足させる仕掛人

ホスピタリティ ツーリズム専門学校
校長　中村 裕　YUTAKA NAKAMURA

1940年東京生まれ。63年、明治大学政経学部卒業後、東京ヒルトンホテル入社。グアムヒルトン営業支配人、ヒルトンインターナショナル東アジア地区営業管理部長、東京ヒルトン・インターナショナル総支配人などを歴任。88年、三菱地所に入社、ロイヤルパークホテルに出向し、総支配人に就任。三菱地所常務取締役、ロイヤルパークホテル社長･会長、ロイヤルパークホテルズアンドリゾーツ社長、社団法人日本ホテル協会会長などを歴任。2011年、ホスピタリティツーリズム専門学校校長に就任。

私は大学を卒業すると同時に東京ヒルトンホテルに入社しました。実は、ホテルマンになりたくてヒルトンに就職した訳ではなく、単に外資系の会社就職に憧れ入社したのが理由です。

当時、お客さまの9割は外国の方で、多少なりとも英語を勉強してきた私にとっては、大変に興味ある職場となりました。お客さまと接し、お客さまの満足を感じる度にホスピタリティ業界にますますのめり込んでいきました。ベルボーイから始めた職歴もフロント、アシスタントマネージャー、グアムヒルトン勤務、又地区営業管理部長、東京ヒルトン副総支配人、そしてヒルトン初の日本人の総支配人（東京ヒルトンインターナショナル）に任命され25年、大変に有意義な月日をヒルトンで過ごしました。

お客さまとのコミュニケーションによる満足度、そしてホスピタリティ産業というサービス業の奥の深さ、そしてやりがいは、他の産業では味わえないことがだんだんと分かって参りました。

のめり込み、果てに他業種が目に入らなくなりました。

その後、三菱地所に移籍し、ロイヤルパークホテルチェーン立ち上げに参加させていただき、確固たる自信を持って国際級デラックスホテルを開業しました。ロイヤルパークホテルは私がリタイアした後も種々タイプのホテルを拡大しつつあります。

何といっても幸せなことは、赤坂の東京ヒルトンでご愛顧いただいたお客さまがその後新宿ヒルトンに、そして新宿より日本橋のロイヤルパークホテルに移動し、今でも、日本人、外国人を問わずお付き合いをさせていただいていることです。今でも連絡をいただき、ホテルのみならずレストラン、もしくは海外ホテルの手配等も仰せつかり、なんとも言えない幸せを感じるときがあります。このお客さまとのつながり、そしてお客さまの喜びを感じる度にホスピタリティ産業の素晴らしさをますます噛みしめている今日この頃であります。

日本の総人口が毎年減少し、われわれホスピタリティ業界のみならず、他業界も同じ人手不足に直面しつつあります。製造業のように、ものを作る満足度と比べお客さまにサービスを提供することにより得られる満足度に感謝・感激するわが業界は、今や日本の成長産業として注目されています。もちろんわれわれ業界関係者は、業界の向上（携わる人の地位の向上そして満足度）を目指して更なる努力が必要なことは言うまでもありません。

二度目の東京オリンピック、パラリンピックを2020年に迎えるにあたり、日本の「おもてなし」を中心に海外からのお客さまをお迎えする喜び、そして提供するサービスに対する満足度は、他の産業では味わえないものがあります。ぜひ、2020年の一大イベントを成功させるためにも関係者全員で再度日本の「おもてなし」をチェックし磨き上げていきたい思いです。

人に丁寧に向き合い、人を幸せにできる場所、それがホテルです

ホテルエクレール博多
支配人　永安 重喜　SHIGEKI NAGAYASU

1972年生まれ。福岡県出身。2年の準備期間を経て、2000年の開業時より支配人として勤務する。女性に優しいホテルづくりを実現するため、先ずはスタッフの関係性向上に力を入れ、組織開発に努めてきた。自立したスタッフが積極的にゲストに係わる事で高評価を得ている。オフはゴルフとラグビー観戦を楽しむ！

客室のアンケートに残されていたお客さまの声です。二十代の女性のお客さまでした。

「最近、嫌なことがあって気分が沈んでいましたが、スタッフの皆さんの優しい笑顔に癒やされ、またヤル気が出てきました。朝食に添えられていたメッセージカードも嬉しかったです」。

ありがたいことに、女性のお客さまからこのようなご意見をいただくことが多くなりました。朝食のルームサービスを担当した女性スタッフは、さらに心を込めてメッセージカードを書くようになりました。

五年ほど前から、これからは女性の時代だと認識し、「女性に優しいホテルづくり」をコンセプトに据えて運営をしてきました。部屋の内装がすべて異なる女性専用のレディースフロアーへの改装にあたっては、女性スタッフが壁紙やアメニティー等を選びました。新入社員もそのメンバーに入れました。

女性のお客さまに気持ちよく宿泊していただ

くためにはどうしたらよいのか。自分がお客さまの立場だったらどうか。先輩社員と一緒になって考え行動する中で、彼女はずいぶん成長しました。今ではネット上のお客さまの声にお答えする立場にいます。

　当然お客さまは女性だけではありません。若い方もご年配の方もさまざまです。ホテルに何を期待され、どういうお気持ちで宿泊されているのか。お一人お一人違います。「お客さま目線で」と簡単に一括りできない難しさもあります。ですから逆に、冒頭のようなお客さまのご感想をいただいたときなどは本当に嬉しくなって、もっと頑張ろうと思うわけです。ホテルマンとしてやりがいと喜びを感じるときかもしれません。

　私どものホテルでは、「お客さまだけではなく、お取引先、従業員まで私たちに関わるすべての人の幸せの実現に努力し、夢ある未来の創出に貢献します。」との経営理念を掲げています。ただ単にスタッフの待遇改善を図るだけでなく、仕事や研修を通じてスキルアップや自己実現のお手伝いをしていきたいと考えています。

　私どものホテルに文章を書くのが好きなスタッフがいます。お客さまとのふれあいを物語風にした小冊子を作り、客室に置こうという企画がもちあがり、彼に文章作成を任せました。小冊子ができ上がったとき、

「お客さまが目にされると思うと、何だか恥ずかしいです」

　そういう彼の表情は晴れやかで、充実感さえ漂っていました。

　ホテルマンはお客さまとのふれあいを通して心を磨き、人間力を高められる職業の一つです。幸せは賃金の高さだけに起因しません。今後はインバウンド「外国人宿泊客」もますます増えてきます。若い世代が活躍する場は広がりを見せています。

　私どもはそんな若い世代を応援し、共に成長をしていきたいと真摯に考えています。

ホテルにとって社員は人財、一人ひとりが大切な存在です

ホテルセントパレス倉吉
代表取締役　名越 宗弘　MUNEHIRO NAGOSHI

1963年3月鳥取県倉吉市生まれ。86年3月立教大学法学部卒後、株式会社内田洋行に入社し、コンピュータのプログラマー・SE・営業を経験。92年6月倉吉に帰郷。同年中小企業診断士1次試験合格。94年2月株式会社ホテルセントパレス倉吉を設立し代表取締役に就任。97年3月株式会社名越本社 代表取締役に就任。同年8月 有限会社ﾚｽﾄﾗﾝ冨士と 有限会社長生堂の代表取締役に就任。2008年8月から2014年8月まで、鳥取県から委託を受け、東京新橋に鳥取県のアンテナショップを運営。現在、倉吉市ホテル旅館組合 組合長、倉吉商工会議所 常議員・観光文化部会長、株式会社赤瓦 取締役、NPO法人ふるさと遊誘駅舎館 副理事長、倉吉観光マイス協会 副会長、倉吉ライオンズクラブ 元会長。 趣味等－旅行、卓球、野球観戦、唎酒師。

ＪＲ倉吉駅前での事業開始は実に明治36年で、事業を起こしたのは私の曽祖父、当初は運送業や海産物販売業を手がけていましたが、戦時中に一旦廃業し、その後父が、みやげ物店と喫茶、会議室を複合させた「長生堂」を再び開業させました。以降時代の変化に応じて、貸しビル、レストラン、総合結婚式場と事業の幅を広げ、その集大成として「ＪＲ倉吉駅前にホテルは絶対に必要」という強い思いからホテルを開業しました。長い歴史の中で培ってきたノウハウを活かし、複合的なホテル形態を完成させました。

現在企業の柱として、宿泊・コンベンションなどの交流人口にかかる事業、また、結婚式などを中心とした定住人口にかかる事業を行っています。人口が減少しマーケットが縮小する中、地元を活性化する為には交流人口を増やすことが大切。観光とも連携しながら、その受け入れ先となる宿泊業は今後ますます重要になると考えます。

そして何よりも重要なのは働く社員の幸せで

す。社員が幸せでなければ、お客さまに最高の笑顔を向けることは難しいでしょう。

「結婚式、あなたが担当で本当に良かった」「お料理、とてもおいしかった。また、来ます」「フロントの方の対応がとてもいい！」「皆さんの笑顔が素敵ですね」などなど、お客さまから褒められる社員はとても多くいます。お役に立てたり必要とされたりと、働くことで得られる、幸せを感じる瞬間。この瞬間が、また次の笑顔へと向かっていくのです。

当ホテルは客室メイクから、料飲サービス、音響に至るまで、すべて社員（雇用形態はさまざま）で行ないます。社員はフロント・営業・婚礼プランナー・料飲サービス・調理・総務、それぞれに所属していますが、サービス担当が足りないとフロントや営業がサービスに入り、手薄となったフロントには総務が、音響操作には、営業や料飲サービスの社員が入ります。繁閑に関係なく同じ人数で対応するためには、一人がいろいろな部署の仕事ができる、まさにマルチな社員が求められますが、すべて社員であるということは、ホテルの目指す想いが共有できること、サービスのクオリティが保てるなど、良い面もあるのです。

ゆえにホテルにとって社員は人財、一人ひとりが大切な存在です。「みんなの頑張りがあってお客さまに喜んでいただける」と、ささやかですが感謝の気持ちを込めて、すべての社員の誕生日には、「あなたの頑張りに感謝の気持ちを込めて贈ります。いつもありがとう！　これからもよろしくお願いします」のメッセージと共にレストランの食事券をプレゼントさせていただいています。それぞれが大切な人と豊かな時間を過ごしたり、時には、同じ誕生月のスタッフが集まって賑やかにお祝いをしたりと、楽しく幸せな時間を過ごしている社員の姿は、私の喜びでもあります。

おもてなしの心と
日本の伝統文化を世界に発信！

株式会社 レイア パートナーズ
代表取締役社長　野﨑 隆男　TAKAO NOZAKI

1986年に大学卒業後、大阪ヒルトンインターナショナル株式会社に入社しバンケットサービスを経てマーケティングセールスに従事。その後、ボルボジャパン株式会社、不動産建設業界の営業職を経験し、96年8月に株式会社レイア パートナーズを設立、代表取締役に就任。超高齢社会を見据え、土地活用の手段として医療介護事業者と土地所有者を結ぶアレンジャーとして、介護施設や特別養護老人ホーム等の開発に携わる。2008年に奈良信貴山の老舗料理旅館「旅亭 十三屋」をM&Aにて取得し、ホスピタリティ産業に参入、12年11月大阪中之島フェスティバルタワーに日本料理レストラン「奈良 十三屋」を開業。10年には株式会社レイアホテルズを設立し、バジェット型の「レイアホテル大津石山」をオープン。現在は滋賀と三重の3ヶ所でレイアホテルを展開する。

現在政府は、観光立国を成長戦略の柱として掲げています。国内及び訪日観光の振興により、地域の活性化や雇用機会の増大などの効果が期待されています。

その観光に欠かせないホテル旅館業は、まさに労働集約型産業です。ＩＴ技術がいくら発達しても、ホテル旅館業に欠かせないホスピタリティ精神は機械やコンピューターで作れるものではありません。

ホテルや旅館は「ロケーション」と「おもてなし」が大事と言われてきました。確かにどちらも重要であることには違いはありません。しかしもっと大事なことがあります。それはまさに、若い君たちを含む「良き人材」です。

しかし残念なことに、ホテル旅館業界は人手不足が慢性化しています。理由はいろいろありますが、長時間労働や休みが取りづらい等の労働環境が大きな理由の一つだと言えます。そこで弊社グループが運営するレイアホテルでは、時短勤務や育児介護休暇、リフレッシュ休暇の付与、転居を伴う転勤をさせないなど働きやすい環境づくりに積極的に取り組んでいます。

一方、旅館業界に目を向けると、2013年に世界無形文化遺産に登録された「和食」は、その技術を身につけたいと海外から学びに来る人は多いものの、国内では若者に最も人気がない職種となっており、ホテル業界以上に深刻な人手不足です。旅館に不可欠な「和食」を後世に伝えていくには若い人の力が必要です。「和食」の技術を身につける修行は厳しいとされていますが、われわれ経営陣が旧態依然とした現状を打開し、働きやすい環境を整えていくことが必要であると考えます。

この業界は、たくさんの人に出会い、感動を与えることができ、また正しい言葉遣いや美しい立ち居振る舞いを身につけることで、人としての成長を実感できる仕事です。2020年東京オリンピックに向けて、世界中から訪日観光需要はさらに高まります。ぜひ、ホテル旅館業界に飛び込んできて、「おもてなし」と「日本の伝統文化」を世界に伝え、新たな未来を一緒に築いていきましょう。

ホテルは人の想いに寄り添える仕事、人間力を磨く場

二子玉川エクセルホテル東急
総支配人　橋本 好美　YOSHIMI HASHIMOTO

富山県魚津市出身。明治大学政治経済学部政治学科卒業。株式会社東急ホテルチェーン入社、横浜東急ホテル配属。2000 年セルリアンタワー東急ホテル開業準備室客室支配人。04 年 東京ベイホテル東急（現・東京ベイ舞浜ホテルクラブリゾート）客室支配人。07 年 株式会社金沢エクセルホテル東急（現・金沢東急ホテル）執行役員総支配人、北陸東急会会長。08 年 ザ・キャピトルホテル東急 開業準備室課長、パリ・コンコルド本社、オテルドクリヨン、パンパシフックホテルバンクーバー、ウィスラー、シアトルにて研修。11 年 東京急行電鉄株式会社ホテル事業部主査。12 年 株式会社東急ホテルズ マーケティング＆セールス部課長、株式会社松本東急イン執行役員総支配人。14 年 8 月 二子玉川エクセルホテル東急開業準備室室長を経て、7 月 総支配人に就任。

就職の際、華やかでインターナショナルで、女性にも活躍の場がありそうだと思い、銀行の内定を蹴ってホテル業界に入った。

今日まで印象に残っていることは数々ある。大切な人に感動のサプライズを与えるお手伝いができたこと。長期滞在の外国人に彼らのストレスを和らげるために母国料理を振る舞ったこと。認知症の宿泊ゲストをご家族と共に探し、無事に見つけられたこと。余命わずかな子供たちの夢をホテルでかなえるプロジェクトに協力できたこと。そしてお客さまから「また来ます」とシンプルに言われることがいかにありがたく、嬉しいことなのかと気づいたこと。私があの時迷った末に選んだ職は、人の想いに寄り添える素敵な仕事だったのだ。

２００８年、２００９年の二年間は、ザ・キャピトルホテル東急開業準備室課長として働いた。長い歴史あるホテルを閉じ、そのＤＮＡを受け継ぎながら、他のラグジュアリークラスと同格に戦

うホテルを作ることが命題だった。自社のブランド全体を牽引する役割も持つキャピトルのブランドビジョンは「不易流行」という言葉に集約されている。不易流行とは絶対に変わることのない部分を忘れずに、新しく変化を続けているものを取り入れていくこと。または、新しいものを取り入れていくことそのものが、永遠に変わらないことであるということ。

旧キャピトルにあった料飲施設のすべてを新ホテル内に作れず、取捨選択を迫られた。検討を重ねた結果、高級フレンチは置かず、日本料理を以前よりさらにレベルアップさせたメインダイニングとした。和食人気は急速に世界に拡大し、キャピトルの日本料理「水簾」も現在、さらなる進化を遂げている。「不易流行」という言葉は私の中で、仕事をしていく上で大切なキーワードになった。

ホテル業界を目指す人に私からのメッセージは、まず、プロとしての専門知識を身につけ、自分に与えられた仕事を全うすること。グローバルな高い視野で物事を見る力を養うこと。自分自身のアイデンティティやビジョンを持つこと。的確な判断力と自ら実現しようとする力を持つこと。そして常に現状に甘んずることなく変化を起こせる人になること。また女性のキャリアアップに注目が集まっている今こそ、さまざまな働き方が検討され、職場環境の整備が急がれており、ぜひこの機会に多くの女性に業界に入ってきてほしいと思う。

この小さな国の他に類を見ない、四季折々で表情が変わる観光の魅力と、幅広いカルチャーの素晴らしさ、料理やおもてなしのレベルの高さに、世界がようやく気がついた。そして日本にはまだまだ世界の人々が訪れるべき理由がある。

さあ、チャンス到来！　これから共に未来あるホテル業界を盛り上げ、その中であなた自身の人間力を磨いていこう。

きっかけ――私の場合

ホテルアリヴィオ（濵屋織物株式会社）
取締役　濵 哲史　SATOSHI HAMA

1976年生まれ、石川県七尾市出身、40歳。理工系大学卒業後、アンダーセンコンサルティングで顧客戦略・マーケティングに従事、バルセロナのIESE Business SchoolでMBAを修了後、戦略コンサルティングファームのA.T. カーニーで製造小売業を中心に国内外の各種案件に従事。その後、七尾の実家に戻り、現在は小売・宿泊・飲食・不動産業を展開する濵屋織物株式会社の経営を管理。趣味は、サイクリングとシーカヤック、能登の自然を満喫しています。

ホテルアリヴィオは、石川県七尾市（能登半島の中腹にある人口4万人の港町）の駅前に立地し、部屋数は72、築10年、宿泊特化型の小さなホテルです。私は創業100年近くの呉服問屋の三男として育ち、30歳過ぎまで全く別の業界で異なる仕事に従事していましたが、家業を承継する必要が生じ七尾に戻りました。

戻った当時、自社のホテルは苦境にありました。行政の駅前再開発計画の流れから未経験で始めた事業は、幸運にも開業2年目までは好調でしたが、翌年、目の前に全国系の大規模ホテルが進出以降、業績は下降し、あっという間にじり貧になってしまいました。その競合と比較すると、部屋数は半分、客室も狭く、大浴場もなし、駐車場は有料、アクセスも悪く、朝食内容も貧弱、知名度はゼロ…。築3年の新しいホテルにもかかわらず、多くの面で非常に不利な状況でした。

部屋も大きくモダンにしたり、大浴場も作ったりしたかったのですが、そんなお金も無かったので、朝食一本で勝負することにしました。といっても、朝食の現場は主婦のパートの人たちと、設備は電子レンジと家庭用冷蔵庫、ＩＨヒーターが1台くらいしかなく、まあ本当にお金も時間も人の手も、何もかも足りませんでした。幸いスタッフが元気だったので、皆と膝を突き合わせて作戦を練り、毎週毎週改善を積み重ねました。能登のおいしい魚が良いとアイデアが出れば、七尾湾の一夜干しを出し、お客さまから「朝にはくさすぎてきつい」とダメだしされ、じゃ次は近海のカマスを出せば「骨が多い」と苦言をいただき、じゃ次は…と、コツコツ継続し、ホテルを何とか再生させました。

苦言にもめげず、こうも続けられたきっかけは、意外なところにあり、私の場合はセミナーで出会った同年代の人たちでした。一歩足を踏み出し、そういった場に出ると、同じような境遇の方やそれを乗り越えてきたような人たちがいて、大きな勇気がもらえると思います。皆さんも、その一歩を踏み出してみてください、七尾から、応援しています。

観光立国となるために

株式会社龍名館
代表取締役社長　浜田 敏男　TOSHIO HAMADA

1954年生まれ、慶應義塾大学卒業、77年旧太陽神戸銀行入行、86年株式会社龍名館入社。95年同社副社長、2005年同社社長、5歳上の兄が同社会長。龍名館のルーツは江戸文政の頃日本橋に創業した名倉屋旅館に発する。1899（明治32）年分家し御茶ノ水に龍名館を創業。1909（明治42）年呉服橋支店（現ホテル龍名館東京）、小川町分店（現第2龍名館ビル）を開業。2009年6月東京駅前のホテル龍名館東京を建て替え新築オープン。14年8月龍名館本店を全客室スイートルームに改装オープン。

現在の日本はGDPこそアメリカ、中国に次いで第3位ではありますが、資源もなく少子高齢化が進み、労働力・国内市場は減少の一途です。その中で、観光産業は数少ない成長産業であります。政府も観光立国日本の政策をオールジャパン体制で進め、実際、年を追うごとに外国人観光客が増加しています。

日本人の海外旅行は、世界遺産などの観光名所を巡り、現地の有名レストランで食事をして土産を買う。リゾート地であれば用意されたアクティビティを選択して遊ぶ、というのが一般的であります。しかしながら外国人観光客、特にリピーターは違います。彼らは日本の隠れた名所を発掘し、日本古来の伝統文化・現日本の生活習慣を体感することを欲しています。それらのお客さまには「おもてなしの心」といった精神論だけでは対応できません。語学はもちろん、国内外の社会情勢・日本の地理、歴史、伝統文化、newサブカルチャー情報に精通することが求められます。人手不足の昨今、優秀な人材の確保は観光業界にとって大きな課題です。

　大手は別として、中小の旅館・ホテルは社員の評価、給与体制が画一的であるケースが多く見られます。そのために能力ある社員の仕事に対するモチベーションが下がり、離職につながることも少なくありませんでした。しかし多才なスキルが求められる昨今、会社は社員の仕事の成果や能力を正当に評価して見合った給与体制を構築し、社員のレベル、意欲の向上を会社の発展につなげようと考えています。

　龍名館では本店改装オープンを機に社員のスキルアップのバックアップ体制を整え、評価制度を見直して新しい昇進昇級システムを確立しました。数字だけにとらわれず、コミュニケーション能力、企画力を高く評価し、有能なリーダーを多く輩出することを目指しています。

　もう一点。４月の熊本地震、大変な災害です。思い出すのは３・11の東日本大震災。都心に帰宅困難者があふれ、龍名館ではロビー・エレベーターホールを開放し炊き出しを配りました。突然のことで用意もマニュアルもなく、その場でできることをして凌ぎました。

　日本全土はいつ大地震に襲われるか分からない状況です。災害時にはわれわれ観光業界は連携し、使えるハードを活用して、周辺の被災者が一時的にでも避難できる場所を提供する必要があるでしょう。観光業界が今後どのように社会貢献すべきなのかも、一つの課題であると思います。

　日本の観光業は前途多難でありますが、前途有望、多くの可能性を持っています。これからの日本を牽引していくのは必ず観光産業であると確信しています。

ホテリエほど素敵な職業はない

城山観光株式会社
代表取締役社長　東 清三郎　SEISABURO HIGASHI

1956年鹿児島県薩摩郡さつま町（旧宮之城町）生まれ。75年株式会社鹿児島銀行入社。鹿児島、宮崎の各支店長を経て、2009年取締役本店営業部長、11年取締役宮崎支店長、14年常務取締役宮崎支店長など歴任。15年6月から城山観光株式会社代表取締役社長に就任。銀行時代に培ったさまざまな企業経営のノウハウをホテル経営に活用していく。

ホテルというのは、人それぞれの人生に深く関わる場所です。私たちのホテルでは「幸せを、かさねていける場所」をテーマとして掲げています。例えば、結婚式を起点にして、1周年記念、お子さまのお誕生日記念、ご入学やご卒業のお祝いなど、さまざまなイベントでホテルをご利用いただいています。まさに、幸せが積み重なる場所です。よってホテルで働くスタッフは、それぞれのお客さまのさまざまな人生の節目となるイベントに立ち会うことができます。お客さまの笑顔のすぐ側で、お客さまの喜びのために仕事ができること、それは、本当に素晴らしい仕事だと私は思います。

私は銀行に勤務してホテルを利用する機会が多かったので、ホテルに対してはお客さまの立場で物事を見て、従業員にそれを伝えるようにしています。

ホテルのスタッフに求めることは、3つあります。まずは、嘘をつかないこと。当然ながらお客さまに対してもそうですが、従業員同士や上司に対しても正直であることが人としての信頼を得ると思っています。そして報連相（ほう・れん・そう）の徹底です。ホテルの中では、良いことも悪いことも起こります。それらの情報をいち早く知ることで、運営や経営の判断に活かせます。３つ目は、サービス業の本分として〝心に残るおもてなし〟をしてほしい、ということです。感謝の気持ちや真心を込めたサービスはもちろん、創造力をかき立てて、より素晴らしいサービスをしていただきたいと思っています。そして、これらが実行できるような環境を作ることが、われわれ経営の務めだと思っています。

城山観光ホテルは、今年開業から53周年を迎えます。宿泊や婚礼、レストランなど年間で約１８０万人が利用されていることを考えますと、これまでどのくらいのお客さまがご利用になられたのか見当もつきません。また、そのお客さまをお迎えしたホテリエも相当な人数になるでしょう。

スタッフ一人ひとり、そして1日1日の積み重ねが長い歴史や文化を醸成します。単なる従業員ではなく、ホテリエという職業に誇りを持って、自らが「ホテリエほど素敵な職業はない」と自負できるような仕事をしていきましょう。

お客さまに愛され感謝される素晴らしきホテリエ人生

ホテル ラ・スイート神戸ハーバーランド
総支配人　檜山 和司　KAZUSHI HIYAMA

神戸市生まれ。30年を超えるホテル勤務の間に、三ツ星レストラン「アラン・シャペル」・「ラ・コート・ドール」に13年間在籍。プロトコールやパーティの基礎は、「オテル・ルテシア」（パリ）にて学ぶ。1996年度第一回日本メートル・ド・テルコンクールで優勝。2007年より、スモール・ラグジュアリーホテルの新規開業を託され総支配人に就任。現在では日本でトップクラスのRevPARと利用ゲストから極めて高いクチコミ評価を誇る。また、全日本メートル・ド・テル連盟会長を務め後進の指導にあたる。14年度兵庫県技能顕功賞受賞。15年「メートル・ド・テル」として初の神戸マイスターに認定。同年ヨーロッパで最も権威のあるフランスの「クープ・ジョルジュ・バティスト協会」より特別栄誉賞を授与される。

今までのホテリエ人生を振り返ったときにあらためて感じることは、これほど多くのお客さまに愛され、感謝の気持ちを直接述べられる職業が他にどれほどあるのだろうかということだ。それも高額なお支払いをしていただいて。また、毎日お客さまとの素敵な出逢いがあり、今日もどのような出逢いがあるのだろうかと、いつも期待に満ちた気持ちで「一期一会」を愉しんでいる。この変化に富んだ刺激的な日々を送っていることが、ホテリエたちの若さとパワフルな原動力の秘訣ではないかと考える。各界の名士や著名人など、普段はお会いできない雲の上の存在のような方々とも気さくにお話ができ、想い出に残る時間を共有できる。まさに、相田みつを先生の「一生感動、一生青春」を実践できる素晴らしい職業であると確信している。

ホテリエの仕事においては、人格と教養がそのサーヴィスの質を決定すると言っても過言でないと思う。常に自己の素養を磨き、文化人としての自覚と自己研鑽や人格形成を戦略的に人生設計する必要がある。特にホテル業界でも最上級のスモール・ラグジュアリーホテルで働くホテリエにとって、超一流のサーヴィスとは何かを体験することは重要な課題である。

私の場合は、ホテル勤務の中で特にフレンチレストランでの勤務を望んだため、レストランをご利用のお客さまにご満足いただけるよう、超一流を体験する必要があった。美食の国フランスでの三ツ星レストラン食べ歩きの美味探究やフランス各地方の料理、食材、風土、文化、慣習との触れ合い。そして、美術館、博物館、大聖堂、古美術店巡りなど、ヨーロッパの極上で秀逸な芸術や文化との出逢いが貴重な体験となり、幅広い知識、経験の蓄積だけではなく、ホテリエとしての教養と人格形成のために必要不可欠な先行投資となった。若い頃からの自分磨きが、より多くのお客さまを喜ばせるための秘奥義となるのである。

また、経験豊富なお客さまや気難しいお客さまとの出逢いは、ホテリエとして魅力的に輝くための、玉を磨く砥石《といし》のような存在となる。

若い頃にお客さまに可愛がられる要素として、常に感謝の気持ちを忘れないことと、素直さや謙虚さが不可欠である。世界中を仕事や旅行で飛び回られているお客さまから、いつも貴重な体験談や海外の富裕層の優雅な暮らしぶりを教えていただき疑似体験を重ねるうちに、いつかは私もお客さまに至福の時間と空間を提供できるホテリエになろうと決意し現在に至る。

ホテリエとして大切なことは、常に自己の商品価値を高め、人格と個性を磨き、魅力的なブランドになること。そして、その魅力でお客さまに喜んでいただけるために全身全霊を注ぐこと。お客さまの幸福を追求すれば必ず報われ、お客さまに愛され感謝される素晴らしきホテリエ人生をひとりでも多くの若きホテリエの方々にも味わってほしいと心から切望する。

ホテリエの醍醐味
～「最高のひととき」づくりにチャレンジ～

仙台ロイヤルパークホテル
取締役総支配人　廣本 浩二　KOJI HIROMOTO

1961年3月11日生まれ。出身地・宮城県。85年山形大学人文学部経済学科卒業後、株式会社浅草ビューホテル入社。88年3月ケーヨーリゾート開発株式会社（当時、シェラトン・グランデ・トーキョーベイ・ホテル＆タワーズ）入社。94年11月株式会社東北ロイヤルパークホテル入社。2007年4月営業部兼ゲストリレーション部部長を経て、08年8月副総支配人就任。12年6月取締役、13年4月取締役総支配人に就任、現在に至る。

開業当初からオープニングスタッフとして仙台ロイヤルパークホテルと共に歩み21年目を迎えましたが、私の今一番の喜びは「このホテルが好き！」とお客さま、そしてスタッフからの声を聞くことにあります。

私たちのホテルは２０１１年3月11日の東日本大震災時に給水塔がダメージを受け、半年間の休業を余儀なくされました。まさか、震災でホテルが休業することなど想像すらしたことがありませんでしたので、お客さまが本当に戻ってきてくれるか、とても不安な半年間を過ごしました。再オープンの日、私の不安とは裏腹に１００名を超えるお客さまがホテルの前に行列をつくり、「再オープンを待っていたよ！」と多くのお客さまから声をかけていただいたときの喜びはスタッフ共々、今でも忘れることができません。

たくさんのお客さまが楽しみに待っていてくれた「ホテルで過ごすひととき」。

まさにこの「ひととき」を演出できることこそ

がホテリエの仕事の醍醐味だと思います。

ホテルで過ごす「ひととき」をどう演出するか。私たちは24時間365日、一秒たりとも休むことなく、スタッフ全員が経営者の視点をもってお客さまに対して向かい合うことを大切に、日々切磋琢磨しています。アイディアを出し合い、お客さまからの声をもとに改善をはかり、新しいことにも臆することなく果敢にチャレンジする。お客さまに「最高のひととき」をお届けできるようにスタッフ一人ひとりが能動的に動くその姿勢こそが、ホテルで過ごされるお客さまには「最高の思い出」に、そして私たちスタッフ一人ひとりには「自分のホテル」、「自分がまさに生き抜いているホテル」という意識が芽生え、それが仕事の喜びにつながっているのだと思います。

「最高のひととき」を演出、コーディネートできるホテリエになるためには、日ごろから「心を震わせる」体験をたくさん経験することが大切です。その経験値を高くできるチャンスの一つが学生時代にあるのではないでしょうか。アルバイトでたくさんの業界を知る、旅をする、研究に打ち込む。私自身の経験を振り返っても、学生時代のアルバイトの経験、友人たちとの数えきれないほどの思い出や気づきが私のホテリエ人生の礎になっています。自分自身の心が震える経験の数だけ、たくさんのお客さまの心に「感動の種」をお届けできる。そういう思いで過ごす毎日の積み重ねが必ずや将来に役立つと思います。

私自身まだまだ道半ばのホテリエ道ですが、これからホテル業界を目指す皆さんと一緒に最高のステージをつくれる日が来ることを心より楽しみにしています。

ホテルビジネスは素晴らしい産業

日本ホテル株式会社　常務取締役
東京ステーションホテル　総支配人
藤崎 斉　HITOSHI FUJISAKI

リクルートの子会社を経て1984年、東京ヒルトンインターナショナル（現ヒルトン東京）に開業準備スタッフとして入社。フロントオフィスマネージャー、宿泊支配人。日本国内で初めてのイールドマネジメントシステム導入プロジェクトも責任者として手掛けた。同時にヒルトンインターナショナル日本・韓国・グァム・ハワイ地区担当エリアフロントオフィスコーディネーター兼任。2002年ウェスティンホテル東京入社。宿泊部長、副総支配人を経て、06年株式会社JALホテルズ本社入社。執行役員営業本部本部長兼マーケティング部長として、国内外約60プロパティーのセールス＆マーケティング、オーナーリレーション等に関わる。11年日本ホテル株式会社東京ステーションホテル開業準備室室長として入社。取締役総支配人を経て、15年より現職。2013年度「ホテリエ・オブ・ザ・イヤー」受賞。

欧米ではホテルを含むホスピタリティビジネスは産業として認められ、確固たる世界があります。翻って日本国内では、長く「施設がそこにあればお客さまはいらっしゃる」という待ちの姿勢が長く続き、規模的にも産業とはほど遠いビジネスだったように思います。

社会人になり2、3年目の頃、学生の一本釣りに走ることになり、都内某有名大学の就職課長にお会いしたときでした。就職先一覧を見せられ「せっかくお越しいただきましたが、本学の卒業生でホテル等、宿泊業に就職する学生はほとんどいません」と言われました。そのとき、今から思い返すと生意気で恥ずかしい限りですが、「弊社への就職を斡旋していただきたいので参りましたが、将来この国のホテルビジネスのためにも、御学の学生にもぜひ興味を持っていただきたいのです。」と申し上げました。

社内外に“Think Globally, Act Locally”と伝え続けています。それは、当《まさ》にホテルをはじめとする宿泊ビジネスは、世界とリアルタイムにつながるダイナミックなビジネスであるからです。加えて今後2020年の東京オリンピック・パラリンピックに向けて、民間外交や文化交流の場としての役割もますます増えてくるでしょう。しかし、ビジネスとして成立するためには、他産業と同様に洗練されたマーケティング、必要最先端なITシステム、そして収益をきちんとマネジメントできる管理会計システム等、国内の事業者が欧米に比べて大きく遅れてきた領域がたくさんあります。今こそ、より広い視野で先行する欧米に謙虚に学び、加えて日本が誇る素晴らしい観光コンテンツやおもてなし（振る舞いだけではない）をぜひ世界中の方々に紹介し、体験していただき、産業として確固たる地位を築きたいと思っているのは私一人ではないでしょう。

政府主導で「観光立国ニッポン」が進みつつあります。観光資源国であるこの国において、その雇用創出にも大きな期待が寄せられています。「モノよりコト」「経験価値の増大」が叫ばれる今日、当に「顧客接点の価値」「お客さまとの共感」が自らの喜びと幸せに直結するホテルビジネスは、本当に素晴らしい仕事です。「瞬間生産・瞬間消費・瞬間評価」という非常にプレッシャーのかかるビジネスではあるかもしれませんが、それだけに自らが商品そのもので、時にはお客さまの人生を変え、支えることもできます。他には代えがたい誇りある仕事といえるでしょう。そして志を高く持っていれば、同じ想いで協力しあえる仲間と必ず出会います。ぜひ、この素晴らしい「ホテルビジネス」の世界にチャレンジしませんか。

「リゾート旅館」は日本固有の文化、「和」をもって「観光立国」を創造

龍宮城スパホテル三日月
総支配人　藤縄 光弘　MITSUHIRO FUJINAWA

千葉県出身。1960年生まれ。日本大学文理学部卒業。広告代理店にてAEを経て、R&D部門を設立し統括。後、コンサルティングファームにて産業再生機構や国内外ファンド・金融機関と共に、ビジネスデューデリジェンスと経営改革マネジメントを担当。2010年、出身地の優良企業であり、リゾート業界を牽引する三日月グループ入社。龍宮城スパホテル三日月の総支配人就任後、創業者である小高会長に師事し、地域貢献企業としてのナンバーワン戦略とCS・ESの在り方を学ぶ。16年現在、リゾートコンプレックスへの成長戦略過程に携わる。

創業55周年を迎える三日月グループは、日本固有の文化「リゾート旅館」に新機軸を付加し、ビジネスモデル「スパ＆ホテル」にて新たな成長戦略を始動しました。「立地優位性とハード特化策」に、環境適応型の商品整備とサービスソフトを付加して、「地域一番店づくり」への挑戦に邁進しております。

周年事業の一環とし、平成28年5月に「龍宮城スパホテル三日月」で総額120億円の投資を実施、ハイグレードなホテル「富士見亭」を開業しました。5万6千坪の広大な敷地に宿泊棟2棟・スパ棟・娯楽施設棟を配した、いわば日本版のリゾートコンプレックス（複合施設）が完成し、アクセス30分ほどの「都心から最も近く、新しいリゾート」の誕生となりました。

今回の設備投資でグループ4館で客室1千室を超え、各館が地域を牽引する「観光推進の拠点的存在」に成長する一方、事業多角化面では社会的責任として、日本の将来を見据えたクリーンエネ

ルギー「千葉県最大級ソーラー発電所」を開設しました。また、老人福祉に資する目的で「三日月基金（現在、45年間で総額12億円超）」を主要事業所5市に開設、さらに特別養護老人ホーム「シルバーガーデン（いすみ市・80床）」を創設し、高齢社会の到来を予見した福祉活動を長きにわたり実行してきました。これらの企業活動を経営の基本理念とした「地域との共存共栄の取り組み」「観光の振興と継続推進」による多大なる経済貢献・雇用創造等の功績などにより、当グループ創設者の小高会長は勝浦（勝浦市初）・鴨川両市から名誉市民の称号を推戴しておられるのは、私たち全従業員や家族の誇りとなっております。

今後もリゾート旅館業界を牽引する企業として、社業を通じての持続可能な社会貢献を行ない、国策である「観光立国」の未来展開に尽力して参ります。

さらなる成長戦略の過程では、「顧客満足度の向上」追求には、「従業員満足度の向上」を基盤とした継続的な付加価値づくりが再重要と考えます。ゆえに、社訓の「和」をモットーに企業風土の醸成の中で、同業に類を見ない福利厚生の拡大充実を図っています。私は以前、リゾート企業や地域再生の経営コンサルタントとして貴重な学び・経験の場を得ました。その一つに、優れた企業の経営者には明確な戦略方針と革新能力があり、成長力・突破力のある組織には必ずビジョン達成の「協働促進」役の社員が複数存在しているということが挙げられます。

私たちは今、「リゾート旅館」業態の未来を拓く、言わば「次代の創造者・協働促進者」として、自己実現と社会貢献を実現できる機会を迎えています。２０２０年の東京オリンピック開催による国内旅行やインバウンド需要の拡大も見据え、「観光立国」創りに共に取り組もうではありませんか。その意義と明るい将来性を「予感」された皆さま方との「ご縁」を心よりご期待申し上げております。

バリアフリーは楽し

京成ホテルミラマーレ（株式会社千葉京成ホテル）
取締役総支配人兼営業本部長　船曳 勇一　YUICHI FUNABIKI

1978 年 YMCA 国際ホテル専門学校卒。同年サンルート東京入社フロント配属。84 年 サンルートプラザ東京（舞浜）出向、開業準備室配属　オープン後宿泊予約支配人 98 年サンルート東京　料飲支配人、93 年 リザンシーパークホテル谷茶ベイ、96 年山口県周防大島　サンシャインサザンセトを経て 2001 年 京成ホテルミラマーレ入社。開業準備室、宿泊支配人、総支配人補佐　営業副本部長、副総支配人 営業副本部長、総支配人兼営業本部長、総支配人兼営業本部長兼料飲部長を経て 16 年 8 月 取締役総支配人兼営業本部長に就任。現在に至る。

50数年の京成ホテルの歴史の中で、まだバリアフリーという言葉がこんなにも世の中に浸透する前から、こつこつと障碍者の方のお手伝いを、ホテルとして実践してきました。そして、ホテルが14年前の9月に新築リニューアルしてからは、「誰にでもやさしい京成ホテルミラマーレ」を基本コンセプトに、バリアフリーの理念を広げて、ホテル運営に心掛けてきました。

何年か前の春のある晴れた日に、盲導犬を連れたゲストがホテルを訪れました。

長年の自分たちの夢を、ぜひ叶えてほしいというご依頼でした。その夢とは、盲導犬を連れた60名の「視覚障碍者の方」が「盲導犬60匹」と一緒に宿泊し、夕食は宴会場にてパーティー（もちろん盲導犬も一緒）、中日は朝から晩まで、東京ディズニーリゾートにて心行くまで遊びたい、という2泊3日のプランでした。何件もの宿泊施設にお願いされたそうですが、皆、断わられたと話していました。バリアフリー担当の鶴田と共にそのお話を伺って、お受けできるものなのかどうか、判断に迷いました。ホテル内でディスカッションの末、「ゲストの夢を叶えるのが、ホテルマンの心意気だ」という結論に達し、引き受けることにしました。滞在中に心配なことはたくさんありましたが、どうにかうまく対応できる自信はありました。想定内の出来事、想定外の出来事、実に楽しい時間を過ごすことができました。その中の、ほんの一例ですが、皆さまに掻い摘んでお話ししたいと思います。

ご宿泊いただく客室はすべて18㎡のシングル。粗相をしても大丈夫なように、念のため盲導犬用の新聞紙を用意しておきましたが、粗相をする盲導犬は一匹もいませんでした。想定外だったのは、ホテル脇の駐車場スペースに常時用意していた「1／2処(ワンツードコロ)」という「盲導犬のお手洗い」に、日の出近くの朝5時すぎから、盲導犬とユーザーの方が一斉に向かい、長蛇の列ができてお待たせしてしまったことです。

それ以外にもここに記載できないエピソードがいっぱい。本当に楽しく良い経験をさせていただきました。

2泊3日の最後のチェックアウトの朝には、ご宿泊された「盲導犬ユーザーの方」はもちろんの事、一緒に宿泊した盲導犬も「わんダフル・わんダフル」と満足げでした。

とかく「バリアフリー」は難しいものと考えられがちですが、ミラマーレでは新人研修にて「心のバリア」を解くことで、率先して「なにかお手伝いできることはありませんか」とお声掛けができる態勢を整えています。それは障碍の有無に関係なくすべてのお客さまへのホスピタリティだと思います。そして、お手伝いができたとき、ゲストの夢が叶えられたとき、ホテルマンは無常の喜びを感じます。そして「バリアフリー」は、なんて楽しいものなんだろうと感じるものなのです。

次の100年を築く使命があります。
～未来永劫「さすが」が生まれるホテル

株式会社帝国ホテル
執行役員　人事部長　古谷 厚史　ATSUSHI FURUYA

1988年立教大学卒。同年、株式会社帝国ホテル入社。総務部秘書課、営業企画室を経て、2001年人事部人事課へ配属。03年人事課長、06年労務課長。09年帝国ホテル大阪・総支配人室長（マーケティング、管理、資材の統括）、12年株式会社帝国ホテル人事部長を経て、13年より現職。人事制度の改定を行なう。株式会社帝国ホテルエンタープライズ取締役、株式会社帝国ホテルハイヤー取締役を兼任する。

かつて、近代日本の資本主義の父と言われ、帝国ホテル初代会長を務めた渋沢栄一子爵は、退任後も「ホテル業は一国の経済にも関係する重要な役割だからお客さまにご満足いただかなくてはならない」という旨の意見を述べています。日本では観光立国への期待と２０２０年の東京オリンピック・パラリンピックを控えた今、ホテリエは「民間外交の窓口」の精神でお客さまと接する重要な仕事なのだと改めて身の引き締まる思いがします。

国内ホテルのリニューアルオープンや多数の外資系ホテルの参入などホテル業界はまさに新しい時代の局面を迎えようとしています。

ホテル業はハード面の強化はもちろん、ソフト面の手直しなどを継続していくことが必要ですが、それらを活かすのも無駄にするのもすべてはヒューマン、つまりは〝人材〟だと思っています。

弊社の新卒・中途採用は総合コースと専門コー

スに分かれており、どちらのコースも同じ人事制度のもとで適正に評価されます。グローバル化する新たな時代を迎えるための人材育成にかける思いは強く、すでに2006年には人材育成部という専門部署を発足させています。新入社員研修や階層別研修だけでなく、英語、フランス語、中国語などの語学研修や海外留学制度による自己啓発支援の充実化、また、自分のアイデアを実現するためにチームを組み、社長に提案する「アイデア提案道場」というボトムアップ式の自己実現プログラムなども行なっています。

さて、「日本の迎賓館」の役割をもって誕生したこのホテルには、各国のトップをお迎えしたり、大きな国際会議を受け入れたり、日常的にもVIPを接遇する機会が多いです。それだけでなくビジネスやレジャーなどあらゆる目的で多くの方々がご利用になるため、お客さまが求める「おもてなし」は千差万別です。よって、いかにお客さまのご要望を汲みとることができるかが重要です。そして、お客さまが喜んでくださったとき、自分の喜びにできることはホテリエという職業の大きな魅力です。弊社では、長らくサービス向上を目的とした「さすが帝国ホテル推進活動」を行なっており、お客さまから「さすが帝国ホテル」と評価していただけるような行ないをした従業員を表彰しています。お客さまに喜んでいただいた事例を皆で共有する。そして、自分もそのような事例をつくりたいというモチベーションが生まれるのです。

「せっかくこの国に来たのだから、あのホテルに泊まってみたい」。われわれが目指すブランドとは、そう思っていただけるホテルです。

国際的ベストホテルを目指す帝国ホテルであり続けたい。そのためにも、常に「さすが」と言われるサービスを生み出し、次の50年、100年に向けてこのブランドを受け継ぎ、時代のニーズを読み、未来を切り開いていくことが、私たちの使命だと思っています。

お客さまに喜んでいただき、働く者が共に成長し、社会に貢献できる仕事

ネストホテル札幌駅前 総支配人
ネストホテル札幌大通 総支配人
星 義典　YOSHINORI HOSHI

北海道旭川市出身。株式会社地産 ホテル部（現ソラーレホテルアンドリゾーツ株式会社）入社。チサンホテル浜松町を経て同札幌新館、札幌本館副支配人となり、その後本社セールスマネージャーに就任。2006年株式会社ホスピタリティオペレーションズ入社、営業部長、ホテル東日本宇都宮副総支配人を経て金沢、東京日本橋及び函館のビジネスホテルの支配人を歴任。13年ネストホテルジャパン株式会社に入社し、ネストホテル札幌駅前総支配人に就任。ネストホテル札幌大通開業後は2ホテルの総支配人を兼務している。

社会人となった当初、私はホテルへの就職はまったく考えておらず、入社した会社においてもホテルとは別の部門への配属を希望しておりました。しかし、ご縁と言うべきかホテル部門への配属となり、夢にも考えていなかった業界でのスタートを切ることになりました。戸惑いの中での出発でしたが、当時の上司の言葉で一つ覚えていることがあります。「副支配人になるには、フロント、営業、経理、最低この三つは身につけなくてはならない」というものでした。漠然とですが、まずは副支配人を目指してみようと思い、単純ながら目標ができました。

私は環境や先輩にも恵まれ、フロント、営業、経理の他、料飲企画やバンケット、宿泊部門の売上責任者として任されながら、純粋にホテルの面白みも感じ、やがて副支配人になることができました。多くのホテルでは、フロントはフロント、レストランはレストラン、営業、宴会、経理等に分かれて専従で勤務する場合が多いと思います

が、当時所属していた会社では、ほぼすべて兼務で行なっていたため、フロントサービスと同時に、セールス、料飲関係及び経理を担当することができました。サービスしながらセールスも行ないますので、目指すべき目標も頭に入り、経理では経費面を勉強できる、という貴重な体験をさせていただきました。

ホテルに限らず会社というものは、お客さまに満足いただき、喜んでいただいて利益を上げていくものです。若い頃に、サービスだけでなく同時に収益も意識できたことは大きな財産となりました。いろいろなことにチャレンジできるということが私の性分にも合っており、ご縁にも恵まれ、気がつけばそれからずっとこの業界にいて、それを楽しんでいます。

ホテルでは、表面の華やかさの裏には、多くのスタッフの想いや、努力の積み重ねが隠れています。ご利用していただいているお客さまにご満足いただき、いかに喜んでいただけるか、そして働いているみんなが共に成長し、社会に貢献できる仕事、それがホテルです。

ネストホテルは、まだ創業間もないですが、その分スタッフのお客さまへの想いが実現しやすい環境にあると思います。朝を迎えることが嬉しくなるような朝食を食べていただきたい、外国の方に日本のお正月の雰囲気を味わっていただきたい、雪が珍しいお客さまに雪像を作って喜んでいただきたいなど、スタッフの発案によるサービスをいろいろと実現しながら土台を作っている段階です。

寓話にもありますが、同じ仕事をしていても、ただレンガを積んでいるのか、壁を作っているのか、みんなが喜ぶ大聖堂を作っているのか。心がけ一つで、サービスに対する準備、対応が変わってきます。今後、ホテリエを目指している皆さんには、目標設定をしっかり行ない、お客さまに繰り返し喜んでご利用いただけるホテルを目指して、ご活躍されることを期待しております。

人生を豊かにしてくれる「多様性」と向き合うホテル業

ホテル日航大阪
総支配人代理　星野 美奈子　MINAKO HOSHINO

大学卒業後、信託銀行入社。27歳で転職を決意、ホテル業界に身を投じる。1990年にホリデイ・イン インターナショナル（現IHGANA）に入社、15年にわたり海外ホテルの日本市場開拓に従事。その後モルガン・スタンレー・プロパティーズに移りホテル運営会社パノラマ・ホスピタリティの立上げに関わる。2年間セールス＆マーケティングを統括後、同社経営のクラウンプラザ神戸（現ANAクラウンプラザ神戸）に副総支配人として赴任。その後、神戸ベイシェラトンホテル＆タワーズ副総支配人を経た後、12年10月株式会社ジャルホテルズ（現株式会社オークラ ニッコー ホテルマネジメント）に入社。営業統括部長としてホテル日航大阪に着任、総支配人代理として現在に至る。

ホスピタリティ産業の代表格ホテル業。ご自身のキャリア設計の中でホテリエを目指しておられる、あるいはご興味を持たれている皆さんは、人と接することが好き、未知のヒト・モノ・知識との出会いに喜びを感じる、そのような感度の高い方々だと思います。ホテルはいま、そのような方にとって、かつてないほどに刺激的な職場です。キーワードは「多様性」。

ここ数年、海外からの訪日客数が急激に伸びています。これまで業界用語として使われていた「インバウンド」という言葉が新聞、テレビ等で盛んに使われ、今では日常会話にまで出てくる言葉となっています。ホテル日航大阪においてもこの3年で外国人シェアが倍以上に増えています。

２０１６年3月に政府は２０２０年までの訪日外国人数目標をそれまでの２０００万人から倍増の４０００万人に引き上げました。国を挙げて来訪者をお迎えしようという意思表示です。この外的要因がホテルに与える影響が何かと言えば、ホテルはかつてない多様性に対応していかなければならないということです。ホテルは異なる言語、異なる文化、異なる習慣を持つゲストが集まる空間となります。また、日本人のお客さまであっても、年代の違いや生活習慣の変化でニーズは多様化しています。それぞれのお客さまの想いに沿ったおもてなしをすることこそがホスピタリティです。ホスピタリティはサービスと同義ではなく、それを超えた心遣い「おもてなし」なのです。多様化するニーズにおもてなしでお返しするためには感度が重要。そのためには常にアンテナを張り、興味を持ち、違いを受け入れる心構えが必要です。「異質」に向き合うことは辛い思いや苦い思いもするチャレンジとなります。これは終わりのないチャレンジですが、自身の人生を豊かにしてくれる経験と知恵をもたらすものと私は信じています。

ここ数年よく耳にする言葉に「ダイバーシティ」があります。まさに多様性です。企業では「女性活躍推進」と同義として使われることも多い言葉です。2015年8月には女性活躍推進法が国会で成立、「ダイバーシティ推進委員会」などを設置する企業も増えてきました。ホスピタリティ産業は女性の感性にとても合う産業だと思っています。現実はまだまだ管理職の女性は少なく課題も多い実情がありますが、活躍する女性が着実に増えていることも事実です。個々の人間力がホテルを成長させます。私は特に若い女性の皆さんにこの刺激的で素晴しい業界で自分を試していただき、心豊かな人生を送っていただきたいと強く願っています。

成長産業であり、他業種にはない魅力がホテル・旅館にはある

星野リゾート
代表　星野 佳路　YOSHIHARU HOSHINO

1960 年、長野県軽井沢町生まれ。83 年、慶應義塾大学経済学部卒。米国コーネル大学ホテル経営大学院修士課程修了。91 年、星野温泉（現在の星野リゾート）社長に就任。所有と運営を一体とする日本の観光産業でいち早く運営特化戦略をとり、運営サービスを提供するビジネスモデルへ転換。現在、運営拠点は、ラグジュアリーラインの「星のや」、小規模高級温泉旅館の「界」、高級リゾートホテルの「リゾナーレ」の 3 ブランドを中心に国内外 36 カ所に及ぶ。

ホテルや旅館にかかわることの魅力は、一つ目は成長産業であるということ、そしてマーケットに近いところで仕事ができるということ、この二つが挙げられるでしょう。観光市場は全世界の物差しで見ると急増し続けています。成長産業であるということは、つまり皆さんにさまざまなチャンスがあるということです。

「マーケットに近いところで仕事ができる」というのも、他産業にはない魅力です。サービスを生み出す、自動車産業で言うと「製造」にあたる現場の人たちが、現場でお客さまと接しながらダイレクトにニーズを把握し、そしてそれをサービスに反映できる。つまりマーケティングリサーチ部門と製造部門が一体になっていて、両方の仕事ができるということでもあります。一方自動車産業ではマーケティングリサーチ部門と製造部門は別ですし、さらに製造の現場である工場はお客さまから最も遠い場所にあることを考えると、非常に特徴的な業界と言えるでしょう。

私たち星野リゾートでも、その仕事の魅力を高めるためにさまざまな工夫を積み重ねてきました。まず、仕事を楽しいと思えるためには業界問わず自分が経営に参画している実感があることが重要だと考えます。そこで、星野リゾートでは、「社員に情報の公開」、「会社のビジョンの共有」、「正しい議論ができる環境の整備」という3つのことを大切にしています。それによってスタッフ一人ひとりがオーナーシップを持って仕事ができると考えたのです。

「社員に情報の公開」とは、稼働率や売り上げ、満足度といった経営指標を仕組み化し、いつでも確認できるようにしました。経営に参画してもらうには情報の均一性が大切だと考えているからです。

「会社のビジョンの共有」については、情報だけあって皆がバラバラに動くのでは意味がありません。「こっちに向かっていこう」という方向性を共有しています。

「正しい議論ができる環境の整備」、これは役職に関係なく誰もが言いたいことを言える環境にするということです。皆がフラットに議論をできるよう、例えばスタッフ同士を役職で呼ばないようにするなど、環境づくりに努めてきました。

これら三つの取り組みによって、星野リゾートでは冒頭にお話をしたようなこの業界で働く魅力を最大限実感しながら働けるという環境を追求しています。

私たちはこの仕組みの土台を、1991年から2001年までの10年間をかけて作り上げてきました。その結果、この土台がホテルや旅館業界だけではなく、幅広い業界を志す方にも星野リゾートに興味を抱いていただけるようになりました。

ホテル業界の競争環境は新規参入や民泊の登場などによりこれからも激しくなっていくでしょうが、競争があるからこそイノベーションが生まれます。私たちは引続き果敢に挑戦を続けていきます。

ホテルは幸せ作りの原点
一つでも多く学ぶことで実践できる

株式会社シティホテル美濃加茂　代表取締役会長
白川観光開発株式会社 美濃白川ゴルフ倶楽部　代表取締役社長
本田 敏彦　TOSHIHIKO HONDA

1943年6月愛知県岡崎市生まれ。59年4月東レ株式会社入社。化学工場の生産ラインから技術室で情報関係の仕事に従事。77年4月東レ社内大学を卒業後、東レのホテル部門へ移り、福岡会館・支配人、防府・総支配人、赤坂・総支配人、東京地区総支配人を歴任。99年4月東レとトヨタグループと地元で作られた知立セントピアホテル副総支配人就任後、同年12月東レ株式会社退社。同月、株式会社シティホテル美濃加茂取締役社長兼総支配人に就任。2012年1月白川観光開発株式会社美濃白川ゴルフ倶楽部総支配人を兼務。14年1月株式会社シティホテル美濃加茂代表取締役会長、白川観光開発株式会社美濃白川ゴルフ倶楽部代表取締役社長に就任、現在に至る。

ホテルで仕事ができてよかった。ホテルに携わるきっかけは、ホテルの支配人に抜擢されたことです。私はそれまで人事や経理が専門であり、接客業に関してはまったく経験がありませんでした。でも、「大丈夫、そのままでいいよ、来た人はホッとするよ」と上司に言われ、「そうか、今の自分のままで良いのか…」と、この業界に入っていきました。

私の仕事における概念は、経験なしで引き受けたラグビー部のマネージャー時代に培われたと思っています。自分と立場や生活環境が違う方々からラグビーについて教えてもらうことにより、「知らないことは素直に専門の方に聞いて教えてもらう」という意識づけができました。さらに、そこでの交流を通して見聞や人脈を拡げることができました。明治大学の偉大な監督として知られる北島忠治さんともお話して、今までとは違った感動を得ることができました。レフリーで有名だった真下昇さん（後の日本ラグビーフットボール協会副会長）にも大変お世話になりました。

東レ勤務時代には未知の分野に飛び込む際、さまざまな方々に会いに行く経験をしました。ビジネスホテル展開していたシャンピアホテルが新たにコミュニティホテルを作るときに、ホテレスの編集をされていた春口さんを面識もなしに訪ねて教えてもらったこと。日本ブライダル文化振興協会の野田さんのところへ飛び込み、多くの機会を得たこと。運営面においては当時のコミュニティホテルを数多く泊まり歩いて支配人と面談をしたこと。その中でも、特に都ホテルさん、いばらき京都ホテルさんには親切丁寧に教えてもらい、勉強できたことで今の自分があると思っています。

山口県の防府では、地元の方たちとどう密接な関係を築くかを考えました、買収したホテルのオーナーに「家族で来ないと地元の人はなかなか信用しないよ」と教えられ、東京から家族で移り住みました。これが業界外の人とも出会うきっかけとなり、愛知県の知立や現在の岐阜美濃加茂でホテル経営を行なう上で、大いに役立ったと実感しています。本当に、人との出会いは素晴らしい。

ホテルの仕事はさまざまな人と出会えますし、そこから拡がるものはたいへん大きなものとなります。そして、分からなければ素直な心で聞いてみる、すぐに現場へ駆けつけ自らの目で確かめてみる、困ったことは話してみる、そして知恵をいただく。また私の場合、ホテルというタイトルが付く本は小説も専門書も機会があれば手にしていました。そうやってホテルに興味や関心を持ち体感することで、楽しさがついてくると思います。

ホテルで働くということは、人に喜びを与えるチャンスがいくらでもあるということであり、その喜びは私たちの幸せづくりの原点だと思っています。与えられたステージで、お客さまにどうやって満足していただくことができるかを考え、おもてなしをした後に「ありがとう」「また来るよ」と言ってもらえたとき、一番の喜びを感じる。そんなホテル業界をぜひ味わってください。

ホテル業界は、お客さまと、仲間たちと、皆で楽しめる、素敵な業界

ザ・ペニンシュラ東京
執行役員 人材開発部長　本間 聡　SATOSHI HONMA

日本での 15 年以上におよぶラグジュアリーホテル業界でのキャリアを持ち、コンラッド東京などの人材開発に関わる主要部門を経て、2008 年にザ・ペニンシュラ東京 人材開発部次長として着任する。12 年、人材開発部部長に昇格し 500 人以上の従業員の人材開発に携わっている。

世界には数多くの仕事がありますが、ホテリエという仕事は他の仕事にはない魅力を持った、素晴らしい仕事だと感じています。お客さまに楽しんでいただきながら、自分も楽しむことができる。お客さまに楽しんでいただくために仲間たちと協力することで、仲間たちとも楽しめる。皆で一緒になって、楽しい空気をつくっていく。非常に魅力的な仕事です。

私が子供の頃、家族で年に一度、旅行に行っていました。そこで出会うホテリエの方は私たち家族のことを覚えていて、訪れる度に声をかけてくれました。子供ながらにとても印象的な体験でした。高校を卒業後、営業の仕事に携わっていましたが、なかなか馴染めず、「自分は何がしたいのか」と壁に直面したことがありました。そんなときに子供の頃のホテルの体験を思い出し、ホテリエの仕事を目指してみようと考えました。ホテル業界に入り、仲間との支え合い、上司や先輩方からの叱咤激励のもとに自分

が成長でき、皆で一つのホテルをつくっていくということがわかり、本当に他の仕事にはない魅力がたくさんあると強く感じるようになりました。

ホテル業界を志す皆さんにもう一つお伝えしたいのは、ホテル業界にも、さまざまなカラーを持ったホテルがあるということです。私はホテル業界で二つの「外資系」と呼ばれるホテル企業で働いてきましたが、それぞれが個性や強み、素晴らしさを持っていました。皆さんそれぞれに個性があるように、ホテルにもそれぞれ個性があるのです。そして、皆さんそれぞれに合った、ホテルがあるのだと思います。

ザ・ペニンシュラ東京でも、私は面接の際、「優秀かどうか」という視点ではなく、「ザ・ペニンシュラホテルズに合うのかどうか」という視点で見ています。ですから、数多くのホテルに内定をもらう方でもザ・ペニンシュラ東京には合わないとなることもありますし、逆のケースもあります。そのような中で、ザ・ペニンシュラホテルズの魅力は、一族経営企業だからこそ生まれる、また旗艦ホテルであるザ・ペニンシュラ香港開業時から継承される従業員同士が本物の家族のように支え合う「ペニンシュラ・ファミリー」という家族的な文化です。そして、私たちが大切にするのが〝Humble＝謙虚さ〟という考え方。一人がスーパーヒーローになるのではなく、皆で協力をしながらお客さまに楽しんでいただき、私たちスタッフも一緒に楽しみ、やりがいを共有してほしいと願っています。

昨年、ザ・ペニンシュラ東京には女性総支配人が着任し、「東京一のホテルになろう」という想いをスタッフ全員で共有しました。その中での私の役割は、すべてのスタッフがやりがいを持ち、幸せに働ける環境をつくることです。一人でも多くのザ・ペニンシュラホテルズの価値観に共感をしていただける方にお会いできるのを楽しみにしています。

「ホテルサービス・ビジネス」は世界と伍して戦える数少ない業種

ロワジールホテル＆スパタワー 那覇
総支配人　道上 浩之　HIROYUKI MICHIUE

1967 年生まれ。ソラーレ ホテルズ アンド リゾーツではロワジールホテル 函館、旭川の総支配人および北海道地区統括総支配人を経て現職に至る。ロワジールホテル ＆ スパタワー 那覇においてはバック部門のシステムカスタマイズを積極的に導入し労働生産性の向上を目指す。チェーン内では総支配人業務との兼務でロワジールのブランドチャンピオンとしてクオリティー向上とセールスネットワークを築きブランド強化を図る。またチサンリゾートからロワジールへのリブランド推進も手掛け、2013 年の那覇に続き 14 年はチサン リゾート沖縄美ら海のリブランドを実行、ロワジールホテル全体の CS 向上を担う。

将来の成長が期待できるこの業界を目指す皆さまへ、大袈裟に聞こえるかもしれませんが「ホテルの仕事は極めて高度な心理戦であると共に、個人の企画、戦略策定が大変重要である」ということを私からお伝えしたいと思います。日本のホテルを職場として捉えた場合、よく耳にする言葉に「従属的」「感情的な問題」「理不尽の連続」「キャリアパスに時間がかかる」などがあるかと思います。一度海外のホテリエとこの点についてセッションする機会があり、参考になる意見を聞くことができました。特に、車の販売職から転職し2年足らずで現場のマネージャーとなった20代後半の米国人は「ホテルの営業や交渉スキルは車のディーラーより高度で面白く、相手の価値観とシンクロしている時間が一番楽しい」と語りました。多くの外資系ホテルが成功を収めている理由の一端を見つけたような気持ちとなり興奮したのを昨日のことのように覚えています。

私自身も学生時代は理工系を学び技術職を目指

しましたが、ホテルの仕事を26年にわたり生業としております。その理由を考えてみますと「一対一の接客において顧客の心理を予想し、自身で企画した接遇を仕掛け、成功と失敗を自己分析し、次はもっと上手くなろうと改善を重ねる」。その繰り返しによって私自身の成長が実感できたからに他なりません。会社のルールは守らないといけませんが、最終的には若手であっても個人の判断が求められる「自由さ」の中で日々の成長が実感でき、そこに「楽しみ」「面白み」を見つけたからなのだと思っています。今後、さらに多くの和製ホテルブランドが海外へ進出すると思います。その際に不可欠なものは、そういった「楽しみ」や「面白み」を糧にして進化する若いホテリエの発想や力です。今の若い世代は状況察知した上で物事に素早く対応できる「空気を読む力」と膨大な情報をスピーディーに拾捨選択できる「情報処理の速さ」という優れた能力を持っています。日本人特有の「生真面目さ」に加え、仕事に「楽しみ」や「面白み」を見つけた若い世代がもたらす変化や革新に大きな期待を感じています。

最後に、これからホテルで働こうと考えている皆さまへ。この業界は「おもてなし」という言葉で表現されることが多くの場面であります。この言葉が持つ重要さを認識しつつも、範囲の広い便利な言葉に聞こえてしまいがちのため、私はあえて「心理的な戦略」等の言葉に置き換え、物事を科学的に捉えやすく話すよう意識しております。

ホテルのオペレーションは「待ち」中心ではなく、マーケティングに基づいた商品やイベントのプランニング、フードビジネスの優れたプレゼンテーション、戦略をもった外部組織との交流など「科学的戦略」に基づいて運営されています。ホテルサービスに代表される「ソフトビジネス」は世界と伍して戦える数少ない業種です。従来のとは目線の違う、新しいマネジメントスタイルを構築していくであろう皆さんにお会いできる機会を楽しみにしております。

誇るべき
宿屋の魅力に魅せられて

株式会社モアレリゾート
代表取締役社長　三橋 弘喜　HIROKI MITSUHASHI

1961 年生まれ。97 年株式会社賢島の里（現モアレリゾート）代表取締役となる。2007 年高質旅館　汀渚ばさら邸を開業。賢島の里グループによる地域活性事業での新たな取り組みに着手する。宿泊業界への正しい理解と明るい未来を夢に、これまでの経験から得た独自のビジネスモデルを確立するため、業界に一石を投じるプロジェクトを推進中。

日本には古来特有の美意識や自然が織りなす価値観が宿のしつらいの美学に活かされてきました。

無駄が削ぎ落とされた日本的空間デザインは、宿にとって訪れる人をもてなす「心の表現」の場でありもてなす側の人生を重ねた「自己表現」の場だと思っております。

そして大切なのは「かたち」と「精神性」を重視し空間美を大事に守ることです。これこそが日本の宿の美しさであり、その高い技術性は和食と同じく国内外は問わず評価されています。

一方で日本が観光立国を実現するため、次世代の人材確保や次世代のリーダー育成が求められる現状に対して、そもそも宿を訪れる機会が少ない人々に、どうやって魅力を伝えるかという手段が不足していることが危惧されます。

業界全体が本気になって自国の文化を探求し、美しい所作を伝える仕組みを整え国際感覚を身につけた人材を一人でも多く作る責任を果たすのはもちろん、誇るべき宿屋の美学をこれまで届かなかった層まで発信する必要性を強く感じています。

例えば大学や専門学校と連携し宿泊業界に興味を持っている学生を宿泊施設へ招待するステイプログラムなど思考段階ではありますが、そんな計画もあたためています。他にも私たちがやれることは、まだまだたくさんあるでしょう。

皆さんが少しでも宿の美学に触れ、理解し、学んでいけるように私たちは業界意識を必ず変えていきます。

ただ、未来にイノベーションを起こしていける唯一の存在は情熱も持った若い皆さんです。ぜひ視座を高めて自らの可能性と向き合ってください。

宿屋の接客に通じる本質はその場に集まった人々が、素直な心を一つにして共鳴しそれを喜び合う「一座建立」の精神です。私たちと共に歩み出してみませんか。

皆さんの夢への挑戦をお待ちしています。

ホテル産業は今こそ飛躍の時

横浜ロイヤルパークホテル
専務取締役総支配人　南 安　YASUSHI MINAMI

1958 年、東京生まれ。学生時代のホテルでのアルバイトを通し、いろいろな人と出会った経験からホテル業界を志し、80 年、慶応義塾大学工学部卒業後、東京ヒルトンホテル入社。その後、東京ヒルトンインターナショナルでキャリアを積み、88 年 株式会社ロイヤルパークホテル入社。総務部、マーケティング部、宴会部などを経て、2005 年 10 月、同社　取締役総支配人に就任。16 年 3 月には、第 12 回日本ホテル産業教育者グループ主催、1 年を通じて最も輝いたホテル経営者・運営者を選ぶ「ホテリエ・オブ・ザ・イヤー 2015」を受賞。16 年 4 月より株式会社横浜ロイヤルパークホテル　専務取締役総支配人就任、現在に至る。

１９６４年東京オリンピック開催時のホテル産業は、他の産業同様に高度成長の大きな波に乗り、私が業界に入りました１９８０年も第二次オイルショックの影響があったものの、その後のバブルに向けて成長を続けました。近年のバブル崩壊・リーマンショックに至り、われわれの産業もホテル経営・運用の見直しからリストラを余儀なくされてきました。また災害やテロに大きく影響を受け、浮沈多く回復に時間を要する業界です。しかし、現在では経営・運用での贅肉は削がれ、経営体質は強化されてきました。

このような時代の流れの中で２００３年に政府が「観光立国懇談会」を主宰、２００６年に「観光立国推進基本法」が成立し、２０１３年には「第1回観光立国推進閣僚会議」が開催され、国を挙げての観光立国推進プログラムが打ち出されました。現在のインバウンド急増にもつながり、国内では団塊世代の方々が多くホテルをご利用され、現在の私たち宿泊産業は2020年を中心に市場拡大が予想される成長産業の一角を担っています。

一方で問題・課題も多く、急増するインバウンドに対し客室をはじめとする商品提供・整備が間に合わず、特に従事するスタッフの不足が顕在化しています。このような環境の中、業界あげてダイバーシティはじめ労働環境改善を進め、新卒者はもちろん経験者採用や休職者の復職推進を図りつつあります。

ゲストのホテルに対する価値観も大きく変わりました。しかし、「おもてなし」を求める基本は変わりません。ホスピタリティマインドをDNAとして持つ私たち日本人が得意とする「世界に誇れる商品『おもてなし』」を多く提供できる環境が整いつつあります。

このようにさまざまな環境変化を経験・体験そして理解し、また厳しい時期に学習したさまざまな課題克服力を持つわれわれホテル産業は今こそ飛躍の時であり、皆さんの活躍される時でもあります。どうかホテルの「商品・サービス・施設」を基に、思う存分に力を発揮してください。

先ずは飛び込んでみよう
ホテルの中の街へ

ホテル ボストンプラザ草津 びわ湖
専務取締役総支配人　南 義彦　YOSHIHIKO MINAMI

1968年滋賀県草津市生まれ。日本初の旅行会社・日本旅行創業者である南新助のひ孫。92年株式会社日本旅行入社。営業と添乗業務に明け暮れる。2001年退社。同年温浴事業開発に着手し、癒し太閤ねねの湯（山科）にてオープン後も総支配人を務める。03年南興業株式会社ホテルボストンプラザ草津に入社。05年管理支配人。06年管理部長。09年宿泊支配人兼務、11年常務取締役総支配人を経て15年6月専務取締役に就任。現在に至る。

これからの皆さまへ私からホテルのおもしろさを一言で伝えるならば「ホテルの中には街がある」でしょう。街の玄関口を入ると、中庭や水の流れ・壁画や絵画があり、その街のコンセプトや雰囲気を感じる景色が広がります。多国籍の方々が集う異国情緒溢れる広場であるロビーの横では手配代行業を担うコンシェルジュが優しく微笑み、街の市場（マルシェ）を担うレストランでは地元食材を朝昼晩楽しみ、夜はメインバーでバーテンダーとの会話や出逢いを楽しみ、チャペルではゴスペルによるコンサートを楽しみ、通常単なる箱である宴会場が装飾によって生涯の思い出となる披露宴の場や、30年ぶりに出逢う同窓会の場や、昨今では故人を懐かしむ「偲ぶ会」の場へと変わり、まさに多目的なホールが集まる街のようです。

ホテルという街でいろんな職種を経験した上で自分の「天職」を見つけてステップアップ（転職）されるのも一つかと思います。先ずは飛び込んで来て下さい。職種は多岐にわたりますが先ずもってお客さま自らがお越し下さり、いろいろなシーンで永きに渡りお付合いいただけるのはホテル業界の特権です。

また、催し事の一助となることで喜びをも共有できるのがホテリエとしての特権でしょう。昨今コミュニケーションの取り方が分からない若者が増えていると言われますが、皆さまには考えるという素晴らしい力があることを忘れないでください。ゲストが何を望んでいるのかを観察し、どうしたら喜んでいただけるかを考え実行に移せる。これこそがホスピタリティです。チップ制の国では、ゲストを満足させることでサービス料としてチップを頂戴するためスタッフ一人ひとりが真剣にサービスについて考えスキルも向上していきます。チップ制が存在しない日本では、日々一人でも多くの方と出逢い会話をすることでこの感覚を培うことが必要です。結果、相手の思いや間の取り方を察知することができるようになります。まさに職人が日々技術を磨くのと同じです。この繰り返しがクレームを上手く処理できるホテリエに成長させてくれます。

ホテルはこういったスキルが日々培われる素晴らしい職場であると言えます。就活時に諸条件が気になるのも分かりますが、自分の好きなことをやるのに最初から休む事や見返りを気にかける人がいるでしょうか。食事をする時間も忘れるほど集中するのが普通です。好きなことが仕事になればどんなに幸せなことか…まさに天職と言えるでしょう。新入社員であっても24時間アンテナを張り巡らし何かヒントを見つければ提案・実行を試みる。そのうち仕事が好きになります。すべてが「自分のため」という発想に変わります。本を読み知識だけがついても知恵が湧かなければ無意味です。仕事が好きになれば不思議と知恵が湧いてきます。こうなれば天職に就いていると自ら言えるでしょう。

これからの日本のホテルは もっと素晴らしいものに変わっていく。 そして、若い力を求めている

ウェスティン ルスツリゾート
総支配人　宮崎 敦　ATSUSHI MIYAZAKI

1984 年 ヒルトン東京入社。94 年 スターウッドホテルズ＆リゾーツに入社し、ウェスティン東京にて宴会料理長を務める。その後ウェスティンシドニーの開業に携わり、国内外のホテルでの料理長、料飲部長、姉妹ホテルへの業務支援、オペレーションマネジャー、スターウッド人材開発トラックを経て 2015 年 8 月までウェスティンリゾート グアムの総支配人代行、同年 9 月よりウェスティン ルスツリゾートにて現職。

私がホテル業界に入ったきっかけは、調理師学校を卒業後に、「一流の料理人になりたい。しかも、インターナショナルな大きなホテルで」と考えたからでした。幸運にも希望をしていたホテルに入社が叶ったものの、最初の職場はスチュワード（ホテルのレストランで使用する什器等の洗浄及び管理）で、希望とは大きく離れていました。しかし、そのときうれしかったことが何度かありました。当時の（怖い！）シェフの方々から「お前の準備やセットはいいね。仕事がスムースになる」とお褒めの言葉をいただけたのです。

もちろん、嬉しいことばかりではありません。何度も失敗をし、大昔でしたから、調理器具が飛んできたことも…（今ではそういったことはなくなりましたのでご安心を）。そんな中でも、仲間・上司・チームからのさりげない一言が、大きくモチベーションや将来の目標設定に影響を与えていたことを記憶しています。

日本のホテル業界は、正直に言えば未だに現場

レベルでは発展途上だと私は感じます。上司の顔色を窺って仕事をしている方、「本当はこうした方が良いのに、今までやってきたから変えたくても変えられない」、「言われていないから一歩踏み出すのは難しい」と思われている方も多くいらっしゃるのではないでしょうか？（もちろん、「そんなことない」とバリバリ頑張っていらっしゃる方もいるでしょうが）

私が日頃からアソシエイト（スタッフを皆「アソシエイト＝仲間」と呼んでいます）と極力時間を見つけて〝Walk in Talk〟立ち話でも、すれ違いざまでもコミュニケーションを大切にしています。海外で仕事をしていると、総支配人から、職場の仲間まで誰からもいつでも「How are you? How was your day off ?」と、最初は首から看板を掛けていたいほど、皆から声をかけられます。なぜでしょう？ 仲間意識が強く、チームでホテルを支えている意識が強いからかもしれません。そして、彼らは小さなコミュニケーションが多くのアイデア、開発案を生み出し、さらにはさまざまな問題の解決まで可能にすることを知っているからです。アソシエイトは本来斬新で新しいことが好き、革新を楽しむことを知っている、さらには格式ばったことよりも、もっと自由に人と触れ合うことを好む。私は、そんな皆さんを待っていますし、きっと、これからの日本のホテルも今以上の素晴らしい体験のできる場所に変わっていくことと信じています。

最後に、私の机の上にいつもある、そして大切にしていること、「The future depends on what you today」をお伝えしたいと思います。お客さまにも、オーナーさまにも、そして仕事をしている仲間にも、今日、何を行なったかによって、将来が決まります。

そんな皆さまと一緒に時間を過ごせることを心より楽しみにしています。

ホテリエは夢や理想を描くだけでなく具現化する仕事。観光立国へ向けて活躍の時が来た

セルリアンタワー東急ホテル
総支配人　宮島 芳明　YOSHIAKI MIYAJIMA

1963年生まれ。86年東急電鉄入社。87年東急インチェーン営業部配属。92年富山エクセルホテル東急、支配人・副総支配人を歴任。96年より本社勤務。東急ホテルチェーンと東急インチェーンの合併で営業部門統一を指揮。チェーンとしての海外商談会を実施するなどアジアからの集客を強化。2004年より博多東急イン、博多エクセルホテル東急、京都東急ホテルで総支配人を歴任。11年本社販売部門責任者（取締役執行役員マーケティング＆セールス部長）に着任し、アジアと共に欧米市場を強化。提携している台湾・国賓大飯店と相互に食のイベントを実施するなど国際交流にも注力。16年5月セルリアンタワー東急ホテル総支配人着任。

就職活動をしていた1985年、南太平洋にリゾートホテルをつくりたいとの思いからホテリエを目指しました。就職し配属されたのは東急インチェーン（東京急行電鉄株式会社イン事業部）。国内に特化したホテル事業をしている部署です。大森東急インでのトレーニング後、チェーン本部のセールスに配属され、多くの先輩から怒られながらも仕事を教えてもらい、大変勉強になりました。当初セールスは大変苦手で、当時のお客さまと酒を飲むと今も笑いのネタになる仕事振りでした。

営業力の飛躍ができたのは、同じ職場の良き先輩や各ホテルの予約担当者などに助けられたからです。宿泊予約が取れない日でも何とか希望をかなえて差し上げることができるようになると取引先との関係が強くなり、電話やアポイントが劇的に増えました。当時は同時に4本の電話で通話していたこともあります。

また、その頃よりレジャー市場やMICEの獲

得に注力していました。お客さまの利用シーンを想定し、ワープロで企画書を作成して、ホテルを施設ではなく商品としてセールスをすると売り上げが格段に増えていきました。

その後、富山や博多、京都など複数のホテルを経験しました。富山ではエクセルブランド1号店の開業に携わりましたが、業績は計画値とは乖離。事業計画書で強調されていた夢のある市場・客層は存在せず、ゼロベースでマーケティング戦略をつくり直すという経験もしました。

この時から、ホテルをつくることよりも実際に市場と向き合って集客し、お客さまと同じ思いをもって、お客さまが主役となる時間と空間を演出するホテリエ（総支配人）を目指す、といったビジョンが自分の中で確立しました。

管理職としては5つのホテルに勤務し、立地する地域を愛し地域への貢献を意識する、お客さまから評価されることでホテルの価値を上げて収入と利益を増やす、仕事を通じて得られる喜びや成果を社員と分かち合う、という方針が、ホテリエとして不変の志になりました。

今やグローバル化の時代を迎えましたが、訪日観光市場は大きな可能性を持ち、日本の未来にとって生命線になっています。私も、この20年間で海外出張を数多くこなし、アジアへは日帰り出張もしてきました。それはテクノロジーが進化しても、特に海外では現地でコミュニケーションする必要性が大きいと感じたからです。

日本は震災などを乗り越えて、4000万人の訪日旅行者や国内旅行の需要を生み出す観光力があるのですから、ホテルも泊まったり食べたりする機能だけではなく、地域と共生し総合力を発揮して日本の魅力を発信していかなければなりません。新しい時代に対応できる人材育成に注力しながら、想像力と行動力を併せ持つホテリエの登場に期待しています。

今でも変わらない、ホテル業界を志したときの想い

ハイアット リージェンシー 京都
総支配人　ミリアム・バロリ　MIRIAM VAROLI

1972年オーストラリア、シドニー生まれ。93年、ライド・ケータリング・カレッジのホスピタリティ・マネージメント科を卒業後、ホテル業界に就職。99年8月にグランド ハイアット メルボルンにハウスキーピングマネージャーとして入社。その後2年間のグランド ハイアット カイロでの勤務の後、グランド ハイアット メルボルンに戻り、フロントオフィス及び宿泊部のマネージメントを歴任。2011年1月よりグランド ハイアット シンガポールの宿泊部担当副総支配人として勤務。13年5月、ハイアット リージェンシー大阪の総支配人に就任。16年6月、ハイアット リージェンシー 京都の総支配人に就任。

私がホテル業界に興味を持ち始めたのは高校生のときでした。お客さまにサービスを提供し、世界中を旅して、いつの日かその経験を教える立場になりたいという強い希望を持ったのです。

サービスを提供したい、また自分の学んだことを人に教えたいという願いはホテル業界に入り20年以上経った今でも持ち続けています。キャリアを通して故郷のオーストラリア、また海外でも働く機会を得ることができました。エジプトのカイロ、シンガポール、大阪、そして現在の京都などです。それぞれの赴任地でその土地の言語、独特の文化を経験し、素敵な人々にめぐり会い、その土地ならではの料理を味わうこともできました（例えば「カメ（すっぽん）」などはおいしかったです）。

ホスピタリティ産業を志す学生さんたちにとって重要なのは決断力、忍耐力、そして不屈の精神を持ち続けることです。ホテルに入り最初のうちは不安になることも多いかと思いますが、上司の

方たちは皆さんをあたたかく迎え、成功できるように教え導く準備をして待っています。

私の経験から言うと、下積みの経験は自分がリーダーになったとき大変役立ちます。自分のチームの働きを認め、感謝することができるからです。私も客室の清掃係として働き始め、同時に学生としてホスピタリティと経営を勉強しました。その後ハウスキーピングでさまざまな仕事を経験してエクゼクティブ・ハウスキーパーに昇進しました。それからの経歴はかなり異例でした。一度降格することを受け入れ、フロントオフィスのアシスタントマネージャーの任務を引き受けたのです。フロントオフィス・マネージャーとして成功するには、まずフロントオフィスの基礎業務を学ぶことが重要だと感じたからです。その後はそれほど時間をかけずにフロントオフィス・マネージャー、宿泊部長、そして総支配人へと昇進することができました。その過程で他の部署の仕事、営業・マーケティング、経理、料飲についても学びたいと願い、実現することができました。長年、自分が願っていたより多くのことを学ぶことができました。

近年、ホテルは若い人材にとって魅力のない業界になっていることを自覚しています。長時間にわたる労働や休暇を取りづらいことなどが主な理由だと認識しています。ですから私たちのホテルでは労働環境を見直し、より魅力的で働きやすい環境に改善するよう取り組んでいます。例えばスタッフの健康維持のためにホテルのジム施設を開放する、家族や友達との休暇を楽しめるように姉妹ホテルの客室を無料提供するなど。そして最も重要なことは、各部門のリーダーが職場における仕事の効率を上げるよう工夫することで、スタッフの労働時間の軽減に取り組むことです。

皆さまが待ち望んでいる2020年に向かって、ホテル業界は皆さまに真のオリンピックの魂を感じられる機会を提供いたします。

可能性を広げられる場所、それがホテル

株式会社目黒雅叙園
代表取締役社長　本中野 真　MAKOTO MOTONAKANO

1963年生まれ。87年日本大学法学部卒。同年株式会社ニューオータニエンタープライズ入社。96年 株式会社東京ヒューマニアエンタプライズ（ホテル日航東京）入社、2006年 ホテル日航東京営業本部長、07年 ホテル日航東京副総支配人、12年 株式会社JALホテルズ転籍 ホテル日航東京総支配人を経て15年 株式会社目黒雅叙園代表取締役社長就任。現在に至る。

皆さん御存知のようにホテル業は他業種に比べて組織の広がりが大きく、さまざまな部門があります。宿泊、調理、レストラン、ブライダルから人事、経理、施設など、そこで行われる業務もまたそれぞれです。そのような業務の多面性は、時に組織間の壁を生み、コミュニケーションがとりづらいこともありますが、自らのキャリアビジョンを明確に持てば、自分の適性を発見するためにいろいろなことに挑戦できる機会が数多くあると考えられます。

また、ホテル業界はいつでも学びの瞬間にあふれていることも魅力の一つです。売上や原価などの数値管理やセールス分析、マーケティング戦略はもちろん、調理技術やホテルの歴史、日本の文化などがそれです。例えばブライダルだけをとってみても、結婚式とは何か、祝言がどうして始まったのか、和装の着付け方など、多くの学びがあり、たくさんある「学びの瞬間」が自己成長を促すものだと思います。そして何より知っているこ

とが仕事上の内側から湧き出る「自信と落ち着き」になるわけです。

一方、仕事とはコミュニケーションで成り立っています。ただでさえ組織の壁が厚い業態です。コミュニケーションが成り立たないと仕事になりません。

私が和食のマネージャーに就任したときのことです。古風で硬い雰囲気の親方と出会いました。なんとかコミュニケーションをとるために、毎日親方より早く出社し厨房に挨拶へ行き、親方より後に退社する。そして絶対に休まない。そんな生活を3カ月ほど送ったある日、親方から「もう、いい」と笑顔で言われたのです。私が何をしたいのか通じたのです。本当に嬉しかった。コミュニケーションは信頼が無いと成り立たないものであり、同時に我慢をして時間をかけて築いていくものだと気づかされました。

その後立場が変わり、対外的にホテルに関わる方々とお話する機会が増えました。メディアやエージェント、協力会社、それぞれが専門的な知識や見識をお持ちで、このコミュニケーションが私のホテルマン人生を大きく変えたといっても過言ではないでしょう。

ホテルで働くということはコミュニケーション能力を高め、自分の可能性を広げられるチャンスを持つということです。そのためには、何事にも興味を持つこと、興味を持ったらすぐ動ける機動力を持つこと、そして最も重要なのはあらゆる瞬間・シーンで気がつける人であることが大切です。そういった人が働けばホテルの魅力をつなげていけると信じています。ホテルの仕事は「かゆいところに手が届くサービス」気がつくところから始まるのです。「気がつくあなた」をホテルはいつでもお待ちしています。

世界というステージで、誰もが活躍できるフィールドがある

アパグループ株式会社
代表取締役社長　元谷 一志　ISSHI MOTOYA

1971 年生まれ。95 年学習院大学経済学部経営学科卒業後、住友銀行入行。東京本部法人業務部、個人企画部などを経て退行。アパホテル株式会社へ。99 年常務取締役、2004 年アパグループ専務取締役財務部長兼アパホテル株式会社専務取締役、10 年グループ専務取締役 CFO 兼 経営企画本部長。12 年現職に就任。

私たちアパホテルは「高品質」、「高機能」、「環境対応型」の「新都市型ホテル」のコンセプトを武器に、客室数10万室の日本でナンバーワンのホテルチェーンを目指しています

その展開エリアは国内だけにとどまりません。２０１５年11月にはアパホテル初となるアメリカでの出店を実現。さらに２０１６年９月にはカナダとアメリカにおいて39ホテルを展開するコーストホテルを取得。北米地域で40ホテル５０２８室、グループ全体では４１１ホテル６万６４１８室を展開するまでに成長しています。

日本での成功、そして北米での事業基盤、ブランドを確立した後には、さらにアジアでの展開も視野にあります。２０２０年３月までに客室数10万室を達成し、日本発の世界的なホテルチェーンとなることを目指しているのです。

そのためには、優秀な人材の力は不可欠です。アパホテルでは２０１７年にも約２５０名の新卒の学生を迎えますが、これから日本の主要産業と

も言えるホテル業界に若い人が夢を持って入ってきていただけるよう、アパホテルではさまざまな取り組みをしています。例えば、ホテル業界は他業界と比較して給与水準が低いと言われていますが、アパホテルでは4年連続で1万4千円のベースアップを行なうなど、ホテル業界の中でも率先して待遇の改善に努めています。

　また、若い人が活躍できるという点もアパホテルの特徴と言えるでしょう。大きなホテルでは下積みを経て50代になってやっと支配人というホテルもあるようですが、ＷＥＢやシステムを駆使した経営力は若く柔軟性のあるうちから磨くべきです。アパホテルには20代の支配人、30代で複数のホテルを統括する統括支配人たちが活躍しています。

　先ほどのベースアップのお話を紹介しましたが、それだけのベースアップを行なうということは、アパホテル全体で見れば数億円の人件費上昇となり、そこまでできるホテルチェーンというのはほかにはないかもしれません。なぜそこまでできるのか、それは日本でナンバーワンを目指す企業として業界の底上げに貢献をしたいという思い、そして、先ほどお話しした若い力を生かした強い経営力があるからです。

　アパホテルでは現在日本での展開と北米での事業基盤の強化、ブランド確立に注力をしていますが、その先にはアジア、世界での展開を視野に入れています。つまり、アパホテルには世界に活躍のフィールドがあるのです。

　また、アパホテルではあらゆるバックグラウンドの人たちが活躍しています。学歴よりも、語学やＩＴのスキル、総合的なマネジメント能力を持った人材が活躍しています。それは皆、アパホテルに入社し、自ら考え、行動することで得てきた力なのです。アパホテルには世界というステージで、誰もが活躍できるフィールドがあります。日本断トツのナンバーワンホテルチェーンを共に目指しましょう！

感性をいかした接客がホテルの成長につながる

ウェスティンホテル淡路
総支配人　森 敬博　TAKAHIRO MORI

大学卒業後、グランドハイアット メルボルンに入社、その後東京ヒルトンインターナショナル、東京ベイヒルトンインターナショナルを経て1989年ホテルオークラ神戸 客室予約マネージャー、99年ウェスティンホテル淡路 開業準備室マーケティング部 ゲストサロン課長、予約課長を経て、2008年マーケティング部長、10年営業部長、11年総支配人に就任。国内外で得た経験をいかし、より心地よいサービスを提供することが業績の向上につながると考え、日々従業員やお客さまとの会話を大切にしている。

ホテルという場所は、非日常でありながらも、従業員の向上心でホスピタリティが創り出されている、実のところとても人間味のある空間です。昨今では日本のホテルマンも個性が認められる時代となり、ますますホテル独自の特徴が重要視されています。

ワーキングホリデー時代にホテルで働いたことがきっかけとなりホテルマンを志すことになりました。当時、痛感したことは英語力よりも人間としての魅力が大切だということ。多くのゲストと接し、その人柄に触れ、接客の中でゲストの魅力を探し出すことが働く上での楽しみの一つにもなり、感化されました。

完璧を求められるのがホテルのサービスですが、技術よりも大切なのが、心のあり方です。

ホテルマンの笑顔の裏には、ゲストには見せない苦労もありますが、一喜一憂できる仲間との出会いや、共に感動を分かち合うことから生まれる最高のサービスなど、さまざまなことを経験し、ゲストの心をつかむホテルマンへと成長します。

若さは武器であり、素直な心は未知数の可能性を秘めているまさに宝そのものです。若い感性を生かして進化することが、ホテルの成長でもあります。

ホテルという華やかな舞台で人生に磨きをかけましょう！

企業は人なり
―「マルチタスク」を実践する総支配人兼総料理長が今、伝えたいこと―

THE GATE HOTEL 雷門 by HULIC
取締役総支配人 兼 総料理長　安間 昭彦　AKIHIKO YASUMA

1980年大阪あべの辻調理師学校卒業後、町場のレストランにて約9年修行。88年シェラトン・グランデ・トーキョーベイ・ホテル入社、99年 ホテル副総料理長に就任。2001年には料飲部副部長となり、04年日本エスコフィエ協会ディシプル（正会員）に昇格。㈶法人日本ホテル教育センター・ホテル産業経営塾5期生。11年ホスフェクス株式会社にて杉浦ウィメンズクリニック所長兼料理長を務め、食事面で大勢の妊婦の出産をサポート。12年ヒューリックホテルマネージメント株式会社に入社しザ・ゲートホテル雷門開業準備に携わる。同年8月10日のホテル開業からザ・ゲートホテル雷門 by HULIC 総料理長としてホテルの食をプロデュース。14年 総支配人兼総料理長に就任。15年からは取締役総支配人兼総料理長として現在に至る。

私がホテル業界を志したきっかけは、調理師学校を卒業して町場のレストランで積んだ9年間の修行による実力を大きい職場で試したかったからで、結果的にホテルという場所を選んだに過ぎなかった。ホテルの仕事をしてみると、はじめは驚きのほうが大きかった。とにかく組織、分業、役割が明確化されており、いかに自分の役割をこなし上司にアピールし業績を上げるかが仕事になっていたからだ。だが、そのときに上司から言われた「上司のご機嫌を取るのが仕事ではなく、料理を作ってお客さまに喜んでもらうのが仕事」という言葉は、35年経った今でも心に残っている。

大型アーバンリゾートホテルで、セクションシェフ、副総料理長を経て料飲副部長となった。この時期には特に辛い経験をした。ホテルの調理と料飲の考え方の違いがはっきりとしており、調理はお客さまに美味しい料理を食べていただきたい、サービスはお客さまに気持ちの良い空間を提供したい。最終的にお客さまに喜んでもらう目的は一緒でも、考え方の違いで敵対し、分かり合えなかった。そのタイミングで料理長と料飲副部長を経験したため、両方のセクションから疎外された。しかし、この辛い経験が、新しいホテル「THE GATE HOTEL 雷門 by HULIC」の仕組み作りにおいて大きく役立っている。

　われわれはINTIMATE（親密な、くつろげる）なホテルを目指している。お客さまに最高のサービスを提供するために大切にしていることの一つがマルチタスクである。スタッフ一人ひとりが宿泊、料飲サービス、調理、相互の業務を理解し経験することで、ホテル全体を理解するスタッフが増えていく。スタッフ一人ひとりの幅広い知識と経験を活《い》かし、お客さまへ最高のパフォーマンスができる。社内では、互いに尊重し合い、それぞれの仕事を理解し合うことでセクション間の垣根がなくなり、業務が滞らず回っていく。今後、新たな「THE GATE HOTEL by HULIC」が有楽町に完成し、その後も計画が続く。そのとき、マルチタスクを習得したスタッフが心強い力になってくれるだろう。さまざまな業務を経験しマルチに働きたいという方、自分が知らなかった自分の得意分野を見つけたい方、ぜひ私たちと一緒にゲートホテルをつくっていきませんか？　今、自身もマルチタスクを体現し、総支配人と総料理長を兼任という珍しい立場で仕事をさせていただいているが、これには、今までの先輩、上司、同僚との経験が活きている。

　最後に、今までやってこられたのは、お客さまはもちろんのこと、スタッフ、お取引業者さまからのアドバイスなどのおかげである。「継続は力なり」「企業は人なり」と思う。これからも、働いてくれる社員たちがやりがいのある働きやすい職場づくりを心がけ、一生懸命にお客さまを思い、お客さまが「THE GATE HOTEL 雷門 by HULIC」に来てよかったと100％満足、感動していただけるHOTELづくりをしていきたい。

ホテルは自分自身が成長できる舞台
人との出会いが何よりの財産

株式会社グリーンホスピタリティマネジメント　取締役常務執行役員
柳内 和子　KAZUKO YANAUCHI

千葉県生まれ。1995年ラディソンホテル成田に入社。宿泊、営業部門を経てフロントオフィスマネージャー。2003年メルキュールホテル成田 営業部長。04年株式会社グリーンホスピタリティマネジメント（以下「GHM」）入社、ホテルラングウッド支配人。07年GHM執行役員。15年サザンビーチホテル＆リゾート沖縄 総支配人。16年GHM取締役常務執行役員に昇格。米国コーネル大学Professional Development Program修了。

ホテルは世界中の国にあり、さまざまな目的で利用されています。そして国や職種など背景が異なる多くの人々が同じ一つの建物に滞在して、それぞれの思いが詰まった大切な時間とたくさんの笑顔を共有することができる、とても素敵な場所でもあります。そのような場所で働くことは、それまでの人生では出会うことがない人と巡り合うチャンスに恵まれているということであり、人と言葉を交わしたり心を通わせる楽しい瞬間を味わえるからこそ、私自身がホテルで働くことに何より魅力を感じるのかもしれません。

お客さまとの出会いから得られるつながりは、やがて自分の知識や経験というかけがえのない財産になっていきます。お客さまから頂いた大切な財産を元手に、「自分らしさ」に目覚め、創造し形にしていく経験を積み重ねることで、次の目標につながり新しい夢がどんどん増えていきます。

その過程には大変なこともたくさんあります。例えば、ホテルは３６５日・24時間休まずに営業をしているため、シフト勤務がありとにかく体力が必要です。お客さまからお叱りを受け、自分のミスでなくても、ホテルのスタッフである以上は自分を出さずに黒子として誠心誠意の対応をしなければならない場合もあります。常にお客さまの安全を考えながら行動することも重要です。確認を怠り、一瞬でも「大丈夫だろう」という油断の気持ちで対処したことは、後々大きな事故やクレームにつながる可能性が高く危険です。そのためには緊張感を持ちながら仕事を続けなくてはならないため、疲れが大きいのも確かです。

それでも、自分が納得するまで続けることで人として成長し続けることができ、お客さまの笑顔や、お礼のお言葉や、売上で成果を直接見ることができるホテルという職場、そしてホテルマンという職業は、とても魅力的だと思います。人に喜ばれることが嬉しいと感じる人や、人を惹きつける笑顔がある人をはじめ、人とのかかわり合いに興味があり、コミュニケーション力の高い方は、ホテルで働くことが向いているのではないでしょうか。

人々のホテルへの関心も高いためか、特に最近は雑誌の特集やランキング記事も増えています。そして日本のホテル業界全体は、２０２０年の東京オリンピック開催に向けてニーズが高まり、これからもっと盛り上がる時期を迎えるに違いありません。その裏側には、素晴らしい出会いもきっと多いはずです。一人でも多くの人が、これを絶好の自己成長の機会と捉え、ホテルで働くことを考えてみるきっかけになっていただけたら嬉しく思います。

人を優しく思いやること

北海道宿屋塾
代表　柳森 利宣　TOSHINORI YANAGIMORI

1952年江別市生まれ。ホテルリッチチェーン・サンルートニュー札幌を経てホテルレオパレス札幌・レオパレスリゾートグアム総支配人、ホテルモントレグループにて総支配人。2006年株式会社メジャーセブン（ホテル運営・経営会社コンサルティング）設立後、価値開発グループ傘下にてホテル事業部長・子会社フィーノホテルズ社長を歴任。13年3月株式会社メジャーセブンに復帰、同年8月北海道宿屋塾設立。14年からロワジールホテル旭川総支配人、15年からホテルクラビーサッポロ顧問現在に至る。

昨今のホテル状況は訪日外国人の増加、東京オリンピック開催決定など、都市部では金融商品としてのホテル・不動産流動化のためのホテル開発、ホテル進出が多く見られます。一方で首都圏以外の多くのホテル・旅館はそれぞれの場所・場所において、地域に必然性があり、旅の目的に叶うホテルとして営みを続け、地域経済と共に存在します。そこにもまた多くの人が働き、お客さまをお迎えし、おもてなしをして地域の産業と連携しながら情報を発信し、地域の観光産業を支えながら働いている多くの仲間、後輩たちが居ることを忘れてはなりません。日本の観光は一か所の場所で存在しえないということも心の中にそっとしまっておきましょう。

旅の目的はお客さま一人ひとり皆違い、旅の目的にあったホテルをお客さまが多くの場所、多くの選択肢の中から選ぶ時代です。お客さまに選ばれる条件、選ばれるホテル旅館にするために必要なことは何かを常に考え、新しい形に変化させること、それはお客さまに居心地が良くて大きな感動を与え、もう一度この場所に訪ねてみたいもう一度あなたに会ってみたいと思ってもらえる努力を重ねることに違いありません。お客さまに居心地の良さを提供するために、地域の文化・自然・四季折々の景観と安心・安全な食の提供ができることこそが大切なことであり、サービスする私たちの気持ちがお客さまに思いとして伝わったときに、ホテル旅館の最大の価値が生まれるのです。

四つの思い、それは、いちばん大切なお客さまへの思い・お取引先さまへの思い・共に働く仲間たちへの思い・そして私たちが働く会社への思いです。

ホテルで働くという意義を共有し、志を共に一緒に働く仲間たち。共に地域にあり、ホテルの営業を支える地元の生産者さんや商店の経営者。そしてわれわれの仕事環境を常に健全に維持し経営を支える会社。この3軸が整い、4軸目のお客さま軸に相対していくことのすべての準備が整うということなのです。そして地域においてのホテル旅館の歴史文化の積み重ねとなります。

最後に、新しい脅威として私たちが考える必要があることは気象の大きな変化に関連する自然災害、そして安全安心を根底から覆すテロなどです。私たちは地球環境を守りながら、今こそ、自然と人に感謝をし・人をやさしく思いやり、自然を思いやり、お客さまにもう一度この場所に来てもらうことの大切さを考えながら、日々お客さまをお迎えする形を整えて運営を継続していくことがホテル旅館にとって、そこで働く人にとって最も大切なことなのです。脚光を浴びる地域・場所以外にも多くのホテル旅館があることを決して忘れてはいけません。「人を優しく思いやること」。

ネットの時代だからこそ、過去の経験にとらわれず自分のアイディアを活かせる！

ホテルオーシャン
総支配人　山田 剛司　TAKASHI YAMADA

IT 業界からホテル業界に転身。那須にあるエピナール那須を経て、フィジーのリゾートに出向、マナ・アイランド・リゾートに 11 年間勤務し海外リゾートホテルのマネジメントについて学ぶ。帰国後、東洋大学大学院の修士課程に入学、研究テーマは「ホテルの統一会計システム」。ホテルマンでありながら IT の知識を幅広く持ち、会計・オペレーションだけでなくハードウェア、ネットワーク構築からデザイン、ウェブマーケティングまでこなす。11 年に沖縄に移住し、沖縄県那覇市のホテルオーシャンの総支配人として就任。IT の視点からホテルマーケティングを行ない、ネット上でのマーケティングに特化させ、無名ホテルの可能性を広げる。

「皆さまはホテルや飛行機を予約するときに、どのような方法で予約を取りますか？」

お友達と、ご家族と、あるいは一人旅とさまざまなバリエーションがありますが、旅行する際にパソコンやスマートフォンで予約することがほとんどではないでしょうか？

旅行業界もインターネットなくしては成り立たなくなりましたが、この形になったのも、数年前の出来事です。ほんの5年ほど前には大半のお客さまは旅行会社経由で旅行の予約をしており、特に沖縄は飛行機に乗る必要があるということで、旅行会社が必須と言われていました。それが現在では70％以上のお客さまがインターネット経由で旅行の予約をするまでになりました。

また旅行の計画を立てる際もネット上で検索する機会が多くなったと思います。皆さまも各旅行サイトや、口コミサイトを見て旅行の計画を立て、実際に予約をしているかと思います。さらに、近年では個人のお部屋を貸し出すサービスも普及しつつあり「泊まる」というカタチもどんどん変化しています。

8年ほど前に大学院でLCCの授業を取りました。そのときに初めてLow Cost Carrierという言葉を耳にしました。今では当たり前ですが、たった8年前までは誰もが知っている言葉ではありませんでした。

当時、実際にLCCの先駆けと言われていたサウスウエスト航空に乗ったことがあります。予約はすべてネット上で支払いもカード払いのみ、チェックインはカウンターに名前を伝えるだけという今では当たり前の光景も、当時は目新しさを感じたものです。さらに驚いたのが飛行機に乗り込むときには席番号が決まっておらず全席自由席でした。機内の清掃も大きなゴミだけ掃除し細かなゴミが床にたくさん落ちていたのを覚えています。

その他にもこの航空会社はアメリカの国内線のみに絞り込み、極力安い空港を使用し、航空機はボーイング737型のみで運行するなどパイロットやメンテナンスの面でもコスト削減をし、低価格でのサービス提供に成功しております。従来のサービス重視の販売戦略から、お客さまの求めている価格とサービスのバランスの見極めをしている努力が伝わりました。この経験から私は早い時期からこの新しい方式をホテルに採用するように心がけています。

たった数年の間にホテルのマーケティング手法が大きく変わり、ネット上でどう売っていくのかというスキルが求められるようになってきました。特にサウスウエスト航空のように、既存の戦略にとらわれない新しい発想が重要だと思います。まだまだ歴史の浅い、インターネット上でのホテルの販売戦略。ここには過去の経験ではなく、お客さまに選んでもらえるようなアイディアが求められます。若い人からベテランまで平等にチャンスがあるということです。皆さんもこの世界で自分の可能性を広げてみませんか？

感性と人間力を磨いて
人間的成長を求め続ける

株式会社スーパーホテル
代表取締役社長　山村 孝雄　TAKAO YAMAMURA

1968年大阪経済大学経済学部卒業、大阪屋証券株式会社（現在の岩井コスモ証券）入社。72年株式会社スーパーホテル創業者山本梁介（現会長）と出会い、入社。96年株式会社スーパーホテル取締役社長に就任し、現在に至る。

日本経済の成長戦略の柱として、グローバルに日本の魅力を発信する観光立国の実現に向けてさまざまな施策が積極的に推進される中、昨年度は、訪日外国人旅行者数が過去最高となり、本年も昨年を上回る伸率で記録を更新し、東京オリンピック・パラリンピックが開催される２０２０年に向けて、観光産業は日本経済・地方創生の未来にとって今後ますます重要な役割を果たすと期待されています。

宿泊産業に目を向けると、ビジネスパーソンはもちろんのこと、週末にはシルバーやファミリー、訪日外国人の宿泊特化型のビジネスホテル需要は高まりつつあります。

私どもスーパーホテルでは、そのような地域を活性化してくださるお客さまを地域の応援団ととらえ、私どものホテルでぐっすり眠って元気にご出発していただくことがひいては地域貢献につながるとの思いで、地域ＮＯ．１のホテルづくりに挑戦し、質の高いサービスを提供するエクセレントカンパニーを目指しています。そして、「人も地球も元気にする」という環境理念のもと、お客さまの健康と地球環境の保護という新たなコンセプトであるLOHASに取り組んでおります。

　お陰さまで現在国内115店舗、海外3店舗を展開し、「顧客価値を創造し卓越した経営企業」として2度目の「日本経営品質賞」を受賞、2016年度J．D．パワー「ホテル宿泊客満足度3年連続NO．1〈1泊9000円未満部門〉」をいただくことができ、大変光栄に思っております。

　当社では、働く仲間全員が最も大切な人材であると考えています。お客さまに感謝し、どのようにしたら喜んでいただけるか、自分で考えて行動する。お客さまの喜びが自分の喜びである。そのような「自律型感動人間」を育成することが私どもの使命であると考えています。ホテルの現場では、日々お客さまへのおもてなしを通し、忘れられない感動エピソードが生まれています。


　社会に出れば、必ずピンチとチャンスが巡ってきます。ピンチをチャンスにする人がビジネスにおいても成功し、幸福な人生を歩まれています。そのためには、「感性」と「人間力」が必要です。「感性」は他責ではなく自責で考えて逃げずに行動することで磨かれます。「人間力」の源は、いろんな人によって今の自分があるという「感謝」の気持ちです。

　次世代を担う若い方々には、ぜひ人生大学で「感性」と「人間性」を磨き、自信を持って自分の天分を大いに生かし、自己実現の花を咲かせてほしいと願っています。

社員の成長無くして会社の成長は無い

シェラトン グランド ホテル 広島
総支配人　山本　博之　HIROYUKI YAMAMOTO

1960年東京都出身。成蹊大学経済学部卒。83年ヒルトン東京（後のキャピトル東急ホテル）入社。バスボーイ、ハウスキーピング、ドアマン、フロント、営業を経験し90年ウェスティン ホテル＆リゾート 東京コーポレート セールスオフィス、98年スターウッド ホテル＆リゾート 東京グローバルセールスオフィス営業部長、2002年 ウェスティン リゾート グアム 営業部長、03年 シェラトンホテル札幌 営業部長、シェラトンホテル札幌 副総支配人を経て05年8月シェラトンホテル札幌 総支配人に就任。07年神戸ベイシェラトン ホテル＆タワーズ 総支配人、10年 シェラトンホテル広島 開業準備室 室長を経て11年 シェラトンホテル広島 総支配人 就任。現在に至る。

「シェラトングランドホテル広島は、すべてのアソシエイトが笑顔と情熱と高いプロ意識を持つ世界基準のホテルを、アソシエイトの成長と共に目指します。」これは当ホテルのビジョンの一部ですが、このアソシエイトの成長は　アソシエイトを信用し権限移譲を持たせ自らが積極的に日々改善に取り組むことで、また、マネージャーはそれを定期的に確認、適切なフィードバックを行なうことで、実現可能だと思っています。

一般的によく言われていることとして「最近の若者は、採用しても直ぐ辞めるし、成長したがらない」などがありますが、果たして本当にネガティブなことばかりでしょうか？　オリンピックではメダル41個の快挙、また、30歳代の若いＥＸＣＯＭ（Executive Committee）やＧＭも珍しくありません。私が同世代のときより遥かに優秀な気がします。

もっと若い人たちの意見も聞き、認め、チャンスを与えたら組織も活性化でき、魅力的な職場環境と共に離職率も減り、そこに足を運ぶお客さまもその魅力的なアソシエイトに好感を持っていただけると信じています。自ら自信を持ったアソシエイトの集団によるサービスは、お客さまのホテルに対して期待する心に大きく響くでしょう。

理想は常にGMはEXCOMをサポート、EXCOMはマネージャー、キーデパートメントヘッドをサポート、マネージャーはアソシエイトをサポートできる組織を作ること。リーダーがチームを上手くリードできるか否かは、どれだけ周りをサポートできるかによるものだと思います。確かにアソシエイトが離職した後にそのポジションを埋めるまでの時間は想像以上に長く、かつ経験者に来ていただける可能性は難しいのが現実です。

一方でホテルを利用するお客さまの年齢層も若くなり、ホテル業においては今後ますます成長と共に若い世代が活躍でき、重要な役職に就けるチャンスがある職場であります。

多くの人が交流する、まさに異文化交流の拠点に身を置くことで、世界のいろいろなことを知ることもでき、人生はより豊かになれます。そして、異文化交流により、世界や地域に貢献できるという人間としての大きな役割も同時に果たすことができる素晴らしい職場でもあります。われわれは、これも社員の成長と考え、会社のさらなる成長に結びついていると確信しております。そして世代を超えて「Play as a team & One Voice」でいたいと思います。

国際派と和の調和こそがこれからのホテリエ

マスト・インターナショナル株式会社
代表取締役　湯浅 太　FUTOSHI YUASA

1968年神奈川県横浜市生まれ。アメリカペンシルバニア州立大学でホテル経営学部卒業後 東京のホテルで宿泊、営業と現場を経験したのち、ベトナム、ミャンマーでホテル開発、運営に携わる。帰国後29歳でホテルパールシティ神戸（380室）の総支配人に就任。また北九州、京都のホテルの総支配人を兼任。33歳でホテルチェーン運営会社の取締役に就任。全国規模であらゆるタイプのホテル、旅館の再生に関わり数多くの実績を残す。その後、ベンチャーホテル会社の取締役運営本部長（COO）に就任。2009年9月同会社退任後、同年10月マスト・インターナショナル株式会社の代表取締役に就任。大阪学院大学　ホスピタリティ経営学科講師、厚生労働省・ホテル産業職能評価制度 審査員、著書「プロフェッショナルホテルマネージャー」～ホテルを黒字化に導く8つの実践術。

ここ数年中国をはじめとする海外からの旅行客が増えている。この傾向は東京オリンピックまで続くと言われている。

それに向けて東京をはじめとする主要都市、観光地には国内チェーンホテルだけではなく外資系のホテル進出の計画も多い。また、国内ブランドホテルが外資系ホテルブランドに変わるケースも少なくない。

その環境において私たちホテル業界に求められているのはハード面だけではなくスタッフの国際化である。国際化とは語学が堪能であるだけでなく、いろいろな文化を受け容れられる人材である。あらゆるアジアの都市、リゾートにおけるホテルでは英語や中国を話すスタッフは多いが、日本ではそのレベルまで達していないのが現状である。

以前も東京で外資系ホテルが相次いで出店した時には希少な有能スタッフが流動的になり、多くのホテルで人材確保に苦戦し現在もその傾向は続いている状況である。

逆の言い方をすると、国際化された人材には若くてもトップマネジメントになれるチャンスがあるということである。

国内ホテルチェーンではいまだ若くして総支配人（GM）やトップマネジメントになることは難しいが、外資系ブランドホテルではチャンスが多い。最近になって国内ブランドホテルでもGMをはじめとする幹部職の若返りを図っているホテルも出てきた。

私は約20年前に29歳という若さでGMになり、あらゆるホテルで10年間経験させてもらった。8割のスタッフが自分よりも年上の環境の中、GMという立場で仕事をすることは大変なことも多く、リーダーシップをしっかり持ち、人のマネジメントの難しさを多く学んだ。今思うと40、50歳になってからGMになるよりも早い時期に多くのケーススタディとして学ぶこともでき、貴重な経験となった。


ホテルで仕事していく中で志向が二つに分かれると思っている。一つ目が総支配人などトップマネジメントを目指す者、二つ目はその分野の専門職（バーテンダーなど）を目指す者。どちらにしても自分の仕事、立場にプライドを持ち目指すところに向けて進んでいただきたい。冒頭にも述べたが、今、そしてこれからの日本におけるホテル業界を支えていく人材にとって大切なものは日本ならではの文化や心を大切に持ちつつ、国際スタンダードに対応できる力である。「対応できる力」とは語学だけが堪能ということだけではなく世界的に通用するマネジメントスキルに対する許容応力である。語学ができることがそのスキルを習得しやすいのは言うまでもない。ただ、中には「外資系かぶれ」になってしまっては日本が持つ独特の良さがなくなってしまうことも見受けられる。そこは両者の調和を大切にして「国際的な和のホテリエ」を目指していただきたいと心から願っている。素晴らしい業界です……ホテルは。

私が皆さんにホテル業界をおすすめしたい理由

ザ・リッツ・カールトン沖縄
総支配人　吉江 潤　JUN YOSHIE

1959年生まれ、東京都出身。83年株式会社プリンスホテル入社。2006年にザ・リッツ・カールトン東京に入社し副総支配人に就任。11年、ザ・リッツ・カールトン沖縄の総支配人に就任。現在に至る。

ホテル業界への就職を考えていらっしゃる皆さんは、もしかしたら他の業界とも迷っていらっしゃるかもしれません。そんな皆さんに、ホテル業界の魅力をお伝えしたいと思います。

ホテル業界の魅力は、非常に風通しが良いことです。風通しが良いとは、まずは業界内での移動（転職）が他業種と比較して多く、一般的に受け入れられていることです。私はホテル業界で30年以上働いていますが、20年前、最初に勤めていたホテルから転職をしようとしたとき、それはもうとても大変な決断でした。ところが、今では珍しいことではなくなっています。それだけ、皆さんには多様な選択肢と、チャンスがあるということです。

風通しが良いというもう一つの意味は、業界内での風通しの良さです。通常であれば、同じエリアのホテル同士はライバルのはずです。しかし、ホテル業界では地域内のホテル同士でつながって、助け合ったり、一緒にイベントを行なったりして、地域としての魅力を高めるために協力しているのです。ほかの業界では、ライバル同氏が積極的に協力し合ったり、一緒に何かをしたりするといったことは少ないのではないでしょうか。

また、仮に皆さんが最初に働いたホテルが不幸にも「自分とは合わない、辞めたい」と思ったときも、ホテルは会社ごとで文化も考え方もまったく違います。皆さんがホテルを好きだと思ったのであれば業界を変えずに転職することもできるのです。

ホテルの仕事は本当に楽しいと私は思います。いらっしゃるお客さまは日々違い、新たな出会いが毎日あります。私はある会社の転職をしたとき、ホテルの現場を離れて事務仕事ばかりの毎日を過ごしたことがありますが、やはりホテルの現場は楽しいのだということを強く感じました。

そして、ザ・リッツ・カールトンは、そのホテル業界の中でも本当に魅力的な企業です。私はこれまで複数の、それこそラグジュアリーと呼ばれるホテルで働いてきましたが、お客さまを喜ばせることがこれほどまでに楽しいことだと教えてくれたのはザ・リッツ・カールトンでした。ザ・リッツ・カールトンでは5つの大切にしているものがあります。最初がお客さまへの感動をつくり出す「ミスティーク」、次に「従業員」、その次に「お客さま」、それに「商品とサービス」が続き、最後に「収益」なのです。スタッフを幸せにし、お客さまを喜ばせることができたら、結果として収益につながるという考え方を、マネジメントのシステムにまで組み込んで本当に追究をしているのです。

ザ・リッツ・カールトン沖縄はそのような素晴らしい文化を大切にしながら、沖縄で日本一のリゾートを目指しています。ホテルに興味をお持ちの皆さん、ザ・リッツ・カールトン沖縄で共に日本一のリゾートを目指しませんか? 多くの皆さまとお会いできることを、ここ沖縄で楽しみにお待ちしています。

若さの魅力を発揮、好奇心旺盛であれ

ホテルメトロポリタン盛岡
取締役総支配人 吉田 亮　AKIRA YOSHIDA

1956年岩手県盛岡市出身。79年城西大学経済学部経済学科卒業後盛岡セントラルホテル入社　食堂課勤務、81年盛岡ターミナルホテル入社、ホテル退職後、一般会社（営業職）勤務。96年ホテルメトロポリタン盛岡 NEW WING 開業に伴い盛岡ターミナルビル株式会社入社　料飲宴会部長、営業部長、副総支配人を経て2013年7月より現職。現在に至る。
全国宴会支配人協議会（全国B.M.C.）監査役。東北宴会支配人協議会（東北B.M.C.）監査役。

ホテルで働く魅力は一言で語ることはできません。裏腹にさまざまな苦労があることは事実ですが、お客さまから評価をいただいたときの達成感は何事にも替えられません。

私がホテルに就職をした当時から「今の若い奴は…」と先輩諸兄からよく言われました。決してほめ言葉である訳ではなく、指導的な意味を感じることもなく、自分がその立場になったらそんなことは口にするまいと反発心から思ったものです。あわせて「生きている時代が違う」とその時代の流行を取り入れて生きているという変な自負もあり、思えば井の中の蛙だったかなと思います。「若さというものを若い人に持たせておくのはもったいない」という格言がありますが、当時の自分は若さという素晴らしさに気付いておらず、歳を重ねさまざまな経験を通して若さの魅力を感じたというのが正直なところです。時折「自分の時代はこうだったのに」と思うこともあります。

さて便利という点で今の時代は格段のスピードで進化しました。通信で言えば携帯電話は当たり前の時代です。電話はつながるだけで便利と感じていた時代から誰からの電話かが分かり、何処にいてもつながるのが当たり前になりました。ネット社会により情報の収集方法も大きく変化しました。世界中のニュース・話題をオンタイムで知ることができます。

ただし、便利が故の不都合も存在することも確かです。昔と違いさまざまな情報が溢れ、しかも簡単に入手できることにより、興味や関心、好奇心という点が何となく希薄になってきているのでは?と思います。関心・興味のあるものについては、情報が少なかった時代は貪欲になっていたと思います。したがって「これはなんだろう?」という好奇心も薄く、疑問にも思わない状況を生むのでは、と考えています。先輩面をして言えば「昔の不便さを知っているから便利さが解る」ということでしょうか。

今年5月、右腕とも言える優秀なスタッフが癌により早すぎる旅立ちを迎えました。彼女が亡くなる3か月前、スタッフに向けて残したメッセージの中に「愛の反対は憎しみではなく無関心」と有りました。マザー・テレサの言葉だそうですが、私はこの言葉を知りませんでした。特に無関心というところにはハッとさせられました。最後まで次世代育成に情熱をもって取り組み、残した言葉には力がありました。

結びに、これからホテル業界を目指す方々に好奇心旺盛であることを期待し、関心・興味を持ったことには貪欲に向かってほしいと思います。「温故知新」昔ながらの良いところは継承しそして時代に即したホテリエを目指していただきたいと思います。

これからの日本のホテルの歴史を若い皆さんが築いてください。

株式会社　ホテル、ニューグランド　(ホテルニューグランド)
常務取締役総支配人　吉田 一継　KAZUTSUGU YOSHIDA

成城大学卒。1972 年 株式会社帝国ホテル 入社。ドイツ・ホテル フランクフルターホフ出向や人事課長、営業部次長、営業企画部長、レストラン部長、宿泊部長を経て 2005 年 株式会社ホテル、ニューグランド 入社、常務取締役総支配人に就任。現在に至る。

最高の平和産業であり、一人ひとりの笑顔と親切が大きな力となり、幅広く国内外の人々と交流ができ得る世界、それがホテル業であります。また、一歩一歩の自己啓発が必ずや、自己実現に結びつけ得る世界でもあります。

私自身、このホテリエとしての仕事を選択し、諸先輩、同僚の叱咤激励と多くの職場異動を経て、些《いささ》かなりとも成長できましたことを幸せに思うものであります。

この間、人間的にも、プロフェッショナルとしても大変未熟であったことから、今思えば恥じ入ることばかりの失敗の数々でありましたが、朝の来ない夜はない、明日は明日の風が吹く、と或る意味では、些かのやせ我慢とファイトで乗り切ってきたように思います。

これからの我が国の持続的発展には、観光立国としての展開が必須であり、そのための人材無くしては、現実化は計れません。その一方で、私企業であるホテルを取りまく諸状況は、急ピッチで変化いたしており、関連する諸法令の多数化、企業コンプライアンスとリスク管理、広義に亘る信頼性と品質性への担保など、学習と運用、対応に一層の且つ不断の努力が要請されております。

そうした現況下、一人の先輩としての、これからの若い皆さんの将来にお勧めしたいこととして、以下をお伝えさせていただきます。

一、向上心―ビジネスパースンとして、把握できていないことすべてに関心と興味を持ち、自分を高めてください。そこから、自己の生きて行く道を切り開いてください。

二、語学力―特に英語は重要です。

三、財務諸表、労働法、会社法の理解―ホテルは、私企業であり、利益創出を目的とする事業体であります。これらは、企業人としての基本的リテラシーであり、身につけておくことが肝要です。

四、スピード感―これは先述した状況であることから。

五、自分自身の価値を大切に―周囲の状況に安住せぬように。ワン・オブ・ゼムで良い、と安易に妥協せぬこと。

これらは、私自身の日頃の留意点でもありますが、若い皆さんのレベルは、私の過ごした時代のそれを遥かに凌駕《りょうが》しておられることと拝察します。これからの日本のホテルの将来を若い皆さんに託します。

■おわりに
あなたが輝ける世界が、ホスピタリティ業界には必ずある。

週刊ホテルレストラン
編集長　岩本 大輝

皆さんはどのような思いを胸に、この本を手に取ったのでしょうか。ホテルや旅館など、ホスピタリティ業界での就職を考えている就職活動中の方もいるでしょうし、これから始めようという方もいるかもしれません。また、もしかしたらこれから転職活動をしてホスピタリティ業界に入ろうとされる方や、さらにはすでにホスピタリティ業界で働いているけれども、これからの人生を考えている人もいるかもしれません。

そんな皆さんに、私はホテルや旅館で働いたことはありませんが、多くの企業さま、そしてそこで働く皆さまと接し、お話を聞く中で感じた、この業界の魅力をお伝えしたいと思います。

経営者だけじゃない。多様なキャリアの可能性がこの業界には広がっている。

本書では、国内のみならず一部海外の方も含め、経営者を中心とした多くの方にそれぞれが感じるこの業界の魅力や可能性について思いを寄せていただきました。その中には、家業として事業を引き継がれた方もいれば、新卒で入社された方もいれば、異業種からこの業界に来られた方もいます。一つ一つのメッセージが、それぞれの経験や人生観に基づいており、メッセージを通じてその方の人生が透けて見えるような、本当に素晴らしいものです。本書をお読みいただき、皆さんもお感じいただけたと思いますが、この業界は本当に魅力に溢れた業界です。

一方で皆さんにお伝えしたいのは、ホスピタリティ業界には経営者だけでなく、さまざまな選択肢・フィールドがあり、一人ひとりが活躍できるステージがあるということです。

コンシェルジュやソムリエ、バーテンダー、中居さんのようにゲストを迎える現場で活躍するプロフェッショナル、セールスやマーケティング、人事、ファイナンシャル（経理・財務）のように、ホテルをバックオフィスからサポートをするプロフェッショナル、さらには、子供を育てたりしながら限られた時間でホテルや旅館を支える人たちまで、誰か一人欠けたとしても、この業界は成り立ちません。

また、ホスピタリティ業界だから人当たりの柔らかい優れたサービスができる人ばかりが必要か？　そんなことはありません。この業界には現場以外の仕事も数多くあるからです。人事や経理、システム、数値分析など、それぞれの専門性を生かして大きく活躍をしていらっしゃる方もいるのです。

つまり、「ホテルや旅館が好き」という思いがあれば、それぞれの得意分野などの適性、価値観に合わせ、この業界には本当に幅広い選択肢があるということなのです。

業界を取り巻く環境は、追い風が吹いている。そして、海外を視野に入れれば、その可能性は無限大である。

人材の流動性が高く、世界に出ていきやすいというのもこの業界の特徴でしょう。今、日本の旅行市場に追い風が吹いているように言われていますが、実は、世界でも国際旅行者数は増えています。つまり、この観光業自体に追い風が吹いているのです。

ですから、国内で労働力不足が言われていますが、実はそれは国内だけではありません。世界中で人材は不足しており、優秀な人材は常に求められているのです。それはつまり、あなたが活躍できる可能性のあるフィールドは国内だけにとどまらず、海外、世界中に広がっているのです。

国内での経験でベースを作り、海外に飛び出すのも良いでしょう。そして、そのまま世界というフィールドで働いても良いですし、また日本に帰り、その経験を生かすこともできます。最初から海外に飛び出しても、いつでも帰ってくることができます。異業種からしたら驚くほどに人材の流動性が高いこの業界は、働き手にとっては、大きな魅力とも言えるのです。

そして、やはり「ホスピタリティ」業界にいる人々は皆心あたたかい

そして、もう一つお伝えしたいのは、この業界は〝ホスピタリティ〟業界であるということ。この業界にいらっしゃる方の多くがオープンマインドであり、心あたたかい方であるということです。

今回の本書にご寄稿いただいている内容にも書かれている方がいましたが、同じエリアのホテルであれば、通常はライバルなのに、皆で情報交換をしたり、地域で協力し合ったりしてエリアとしての魅力を高めようと努力をされています。他業種であれば、通常考えられないことではないでしょうか。

あなたが輝ける世界が、ホスピタリティ業界には必ずある

ホテル業界には価値観や適性などによってさまざまな人が活躍できるフィールドがあり、そして、そのフィールドは国内のみならず世界中に広がっています。そして、国内でも、海外でも（一言で「海外」と言っても、アジア、米国、欧州、その他地域などその可能性は無限大です）、自由に移動でき、自身の経験を生かすことができます。

そして、業界にいる人たちは心あたたかく、皆さんをいつでもあたたかく迎え入れてくれるでしょう。

だからこそ、今回多くの方がその思いを伝えようとしてくださったように、この業界の魅力に取り憑かれ、離れられなくなってしまったのかもしれません。

別の形での再会に期待して…

どのような方でも輝ける世界が、このホスピタリティ業界には必ずあります。ぜひ大きな夢と、ほんの少しだけの勇気を持って、この業界にお越しいただきたいと思います。

私は、この本を通じてホスピタリティ業界に興味を持ち、またはこの業界に足を踏み入れる決意を固め、そして活躍される方が一人でも多く出ることを願っています。そして、遠くない未来に、この仕事を通じて、皆さまと出会えることを楽しみにしています。

２０１７年１月吉日

オータパブリケイションズの本

ピッチに立つサポーター

太田 進 著

ホテル・レストラン業界唯一の専門誌『週刊ホテルレストラン』を発行する株式会社オータパブリケイションズの代表取締役社長である太田 進が、「ホスピタリティビジネス」に対する自らの哲学を執筆。

海外で１８００軒のホテルを見聞、ホスピタリティ業界の40年を見続けて書き綴った「語録」の集大成！

ホテル・旅館《りょかん》の経営者《けいえいしゃ》から次世代《じせだい》へおくる熱《あつ》いメッセージ

2017年1月27日　第1刷発行

編著者・発行者　太田 進
発行所　株式会社 オータパブリケイションズ
〒104-0061　東京都中央区銀座4-10-16　シグマ銀座ファーストビル3F
電話　03-6226-2380　info@ohtapub.co.jp
http://www.ohtapub.co.jp　http://www.hoteresonline.com/

印刷・製本　富士美術印刷株式会社

ISBN978-4-903721-64-4　C2034
定価はカバーに表示してあります。